GERD NIEBAUM

Die deliktische Haftung für fremde Willensbetätigungen

Schriften zum Bürgerlichen Recht

Band 38

Die deliktische Haftung für fremde Willensbetätigungen

Eine Untersuchung vor allem mit Blick auf die Reichweite der
Verantwortlichkeit für Rechts- oder Rechtsgüterverletzungen iSd § 823 I BGB

Von

Dr. Gerd Niebaum

DUNCKER & HUMBLOT / BERLIN

CIP-Kurztitelaufnahme der Deutschen Bibliothek

Niebaum, Gerd
Die deliktische Haftung für fremde Willensbetätigungen: e. Unters. vor allem mit Blick auf d. Reichweite d. Verantwortlichkeit für Rechts- oder Rechtsgüterverletzungen iSd § 823 I BGB. — 1. Aufl. — Berlin: Duncker und Humblot, 1977.
   (Schriften zum Bürgerlichen Recht; Bd. 38)
   ISBN 3-428-03884-3

D 6
Alle Rechte vorbehalten
© 1977 Duncker & Humblot, Berlin 41
Gedruckt 1977 bei Buchdruckerei Bruno Luck, Berlin 65
Printed in Germany
ISBN 3 428 03884 3

Vorwort

Die deliktische Haftung für fremdes Tun wird gewöhnlich als in den §§ 830, 831, 832 und 840 BGB geregelt angesehen. Dabei wird allzu leicht übersehen, daß § 823 I BGB ebenso die Möglichkeit eröffnet, eine Fremdverantwortlichkeit zu begründen. Ob und inwieweit der Einzelne — auch abseits der besonderen Gesetzesregelungen — für fremde Willensbetätigungen einzustehen hat, ist Gegenstand der vorliegenden Untersuchung.

Die Arbeit hat im Sommersemester 1976 der Rechtswissenschaftlichen Fakultät der Westfälischen-Wilhelms-Universität Münster als Dissertation vorgelegen. Meinem verehrten Lehrer, Prof. Dr. Kollhosser, gilt besonderer Dank für Anregung und Förderung.

Gerd Niebaum

Inhaltsverzeichnis

A. Einführung

I. Das Problem — veranschaulicht am Grünstreifen-Fall 15

II. Grundlegendes zum Fallmaterial, zur Behandlung des Problems in der Vergangenheit und zur Struktur des § 823 I 18

    1. Grundlegendes zum Fallmaterial 18

        a) Die Kausalmuster der Sachverhalte 18

            aa) Die psychisch vermittelte Kausalität 19

            bb) Das Aufeinandertreffen mehrerer Geschehensabläufe 20

        b) Die Zahl der beteiligten Personen 21

            aa) Die Drei- bzw. Mehrpersonenverhältnisse 21

            bb) Die Zweipersonenverhältnisse 22

        c) Die Beschaffenheit der fremden Willensbetätigung 23

    2. Grundlegendes zur Behandlung des Problems in der Vergangenheit 25

    3. Grundlegendes zur Struktur des § 823 I 26

        a) Der haftungsbegründende Kausalzusammenhang 27

        b) Der haftungsausfüllende Kausalzusammenhang 27

III. Der Schwerpunkt und der Aufbau der nachfolgenden Untersuchung 28

B. Die dogmatische Behandlung des Problems

I. Die Möglichkeiten zur dogmatischen Behandlung des Problems 30

    1. Lösungen auf der Ebene der Tatbestandsfeststellung 30

        a) Lösungen auf der Ebene der Feststellung des „Täterverhaltens" 30

            aa) Die kausale Handlungslehre 31

```
        bb) Die finale Handlungslehre ............................. 31
        cc) Die Larenzsche Methode ............................... 32
    b) Lösungen auf der Ebene der Feststellung der „Verursachung" 33
        aa) Die Äquivalenztheorie ................................. 33
        bb) Die Adäquanztheorie (im ursprünglichen Sinn) .......... 34
        cc) Die Auffassung Deutschs (Theorie von der Unterbrechung
            des Kausalzusammenhanges) ........................... 34
  2. Lösungen auf der Ebene der Rechtswidrigkeitsfeststellung ...... 35
    a) Die herkömmliche Lehre ..................................... 35
    b) Die neueren Lehren ......................................... 36
  3. Lösungen auf der Ebene der Verschuldensfeststellung .......... 38
  4. Lösungen außerhalb der unter 1 - 3 bezeichneten Ebenen ........ 39
    a) Lösungen mittels der teleologischen Reduktion des § 823 I .... 39
    b) Die Theorie vom Rechtswidrigkeitszusammenhang .......... 40

II. Kritik an den dargestellten Möglichkeiten zur dogmatischen Behand-
    lung des Problems — verbunden mit der eigenen Stellungnahme .. 40
  1. Die Lösungen auf der Ebene der Tatbestandsfeststellung ........ 41
    a) Die Lösungen auf der Ebene der Feststellung des „Täterver-
       haltens" .................................................... 41
        aa) Die finale Handlungslehre ............................. 41
        bb) Die Larenzsche Theorie ............................... 41
        cc) Die kausale Handlungslehre ........................... 43
    b) Die Lösungen auf der Ebene der Feststellung der Verursa-
       chung ...................................................... 43
        aa) Die Adäquanztheorie (im ursprünglichen Sinn) .......... 43
        bb) Die Auffassung Deutschs .............................. 44
        cc) Die Äquivalenztheorie ................................. 45
  2. Die Lösungen auf der Ebene der Rechtswidrigkeitsfeststellung .. 46
  3. Die Lösungen auf der Ebene der Verschuldensfeststellung ...... 47
  4. Die Lösungen außerhalb der unter 1 - 3 bezeichneten Ebenen .... 47
```

>   a) Die Lösungen mittels der teleologischen Reduktion des § 823 I   47
>   b) Die Theorie vom Rechtswidrigkeitszusammenhang 47

C. Die Entscheidungskriterien

> I. *Die bisher entwickelten Lösungskonzeptionen — Darstellung und kritische Betrachtung* 52
>
>   1. Die Adäquanztheorie 52
>
>   2. Die Auffassung Rothers 54
>
>   3. Die Auffassung Dunz' 56
>
>   4. Die Auffassung Larenz' 57
>
>   5. Die Auffassung Luers 61
>
>   6. Die Auffassung Deutschs 62
>
>   7. Die Auffassung Haberhausens 64
>
> II. *Die eigene Konzeption* 66
>
>   1. Die grundlegenden Aspekte des Problems und ihre Reichweite .. 66
>
>   a) Die grundlegenden Aspekte des Problems 66
>
>   aa) Aspekte, die eine Haftung für fremde Willensbetätigungen fordern 67
>
>   bb) Aspekte, die eine Haftungsfreistellung des Erstverursachers nahelegen 68
>
>   (1) Das Prinzip der Beherrschbarkeit des zu verantwortenden Geschehensablaufes 68
>
>   (2) Die Rechtswerte der Selbstbestimmung bzw. -verantwortung 69
>
>   (3) Das Interesse am Handlungsspielraum des Einzelnen .. 71
>
>   cc) Zusammenfassung 72
>
>   b) Die Reichweite der grundlegenden Aspekte 72
>
>   aa) Aspekte mit unbegrenzter Reichweite 72
>
>   bb) Aspekte mit begrenzter Reichweite 72
>
>   (1) Das Prinzip der Beherrschbarkeit des zu verantwortenden Geschehensablaufes 72

Inhaltsverzeichnis

(2) Die Rechtswerte der Selbstbestimmung bzw. -verantwortung 74

cc) Zusammenfassung 75

2\. Die gesetzgeberischen Wertungen 75

a) Die Vorschrift des § 830 I1, II 76

b) Die Vorschriften der §§ 831 und 832 77

c) Die Vorschrift des § 840 I 78

d) Die Vorschrift des § 254 80

3\. Die grundlegenden Aspekte des Problems und die gesetzgeberischen Wertungen — Gegenüberstellung und Konsequenzen 82

4\. Das Fallmaterial 86

a) Die Fälle der psychisch vermittelten Kausalität 87

aa) Die unfreie bzw. subordinierte Folgetat 87

(1) Die unfreie Folgetat 87

(2) Die subordinierte Folgetat 92

bb) Die freie und gleichgeordnete Folgetat 97

(1) Der Grundsatz der Haftungsfreistellung 98

(2) Ausnahmen vom Grundsatz der Haftungsfreistellung .. 104

(a) Der Gesichtspunkt der vertrauten Verhältnisse zwischen dem Täter und dem Verletzten 105

(b) Der Gesichtspunkt vorsätzlichen Handelns 107

(c) Der Gesichtspunkt der Gewalt über eine Gefahrenquelle 108

(d) Der Gesichtspunkt der Herbeiführung einer Notsituation 110

(e) Der Gesichtspunkt der Auslösung einer Verfolgungsjagd 114

(f) Weitere Gesichtspunkte 119

(g) Zusammenfassung 120

b) Die Fälle des Aufeinandertreffens mehrerer Geschehensabläufe 120

D. Das Problem der Haftungsbegrenzung

I. Die dogmatische Behandlung des Problems der Haftungsbegrenzung 126

II. Die sachliche Behandlung des Problems 128

E. Zusammenfassung 130

Literaturverzeichnis 131

Abkürzungsverzeichnis

aaO	am angegebenen Ort
AcP	Archiv für die civilistische Praxis
Alt.	Alternative
Anm.	Anmerkung
Aufl.	Auflage
bes.	besonders
BGB	Bürgerliches Gesetzbuch
BGH	Bundesgerichtshof
BGH(St)	Entscheidungen des Bundesgerichtshofs in Strafsachen, Amtliche Sammlung
BGHZ	Entscheidungen des Bundesgerichtshofes in Zivilsachen, Amtliche Sammlung
bzw.	beziehungsweise
DAR	Deutsches Autorecht
ders.	derselbe
d. h.	das heißt
Diss.	Dissertation
DR	Deutsches Recht
etc.	et cetera
f.	folgende (Seite)
ff.	folgende (Seiten)
HGB	Handelgesetzbuch
h. M.	herrschende Meinung
iS	im Sinne
iSd	im Sinne des
JR	Juristische Rundschau
JuS	Juristische Schulung
JW	Juristische Wochenschrift
JZ	Juristenzeitung
KG	Kammergericht
LG	Landgericht

LM	Lindenmaier-Möhring, Nachschlagewerk der Entscheidungen des Bundesgerichtshofes
l. Sp.	linke Spalte
m. a. W.	mit anderen Worten
m. E.	meines Erachtens
mN	mit Nachweisen
mwN	mit weiteren Nachweisen
NJW	Neue Juristische Wochenschrift
o. ä.	oder ähnliches
OLG	Oberlandesgericht
Rdn.	Randnummer
RG	Reichsgericht
RGZ	Entscheidungen des Reichsgerichts in Zivilsachen, Amtliche Sammlung
RHG	Reichshaftpflichtgesetz
r. Sp.	rechte Spalte
Rspr.	Rechtsprechung
RVO	Reichsversicherungsordnung
S.	Seite
sog.	sogenannt
StGB	Strafgesetzbuch
StVG	Straßenverkehrsgesetz
Urt.	Urteil
v.	vom
Verf.	Verfasser
VersR	Versicherungsrecht
Vgl.	Vergleiche
Vorbem.	Vorbemerkungen
VRS	Verkehrsrechts-Sammlung
z. B.	zum Beispiel
ZHR	Zentralblatt für Handelsrecht

A. Einführung

I. Das Problem — veranschaulicht am Grünstreifen-Fall

Das LG Düsseldorf traf am 8. 3. 1955 eine Entscheidung über folgenden — als Grünstreifen-Fall bekanntgewordenen — Sachverhalt[1]: Ein LKW-Fahrer hatte auf einer Bundesautobahn einen Verkehrsunfall verschuldet. Durch diesen war die Fahrbahn blockiert worden. Nachfolgende Autofahrer hatten das Verkehrshindernis über den Grünstreifen umfahren und ihn erheblich beschädigt. Die Bundesrepublik als Wegeeigentümerin forderte nunmehr vom Unfallschuldigen Schadensersatz. — Das Gericht gab der Klage statt. Es bejahte eine Verantwortlichkeit des LKW-Fahrers gem. § 823 I[2]. Seine Entscheidung begründete es mit dem Vorliegen eines adäquaten Kausalzusammenhanges zwischen dem Unfall und der Beschädigung des Grünstreifens[3].

Die Entscheidung wurde in der Folgezeit viel diskutiert[4]. Überwiegend stieß sie auf Ablehnung. Der Schaden, der erst durch das vorsätzliche Verhalten anderer Verkehrsteilnehmer entstanden sei, falle nicht mehr in den Verantwortungsbereich des Unfallschuldigen. So wurde — wenn auch mit unterschiedlichen Begründungen — dem Urteil des LG Düsseldorf widersprochen.

Am 1. 10. 1969 urteilte das OLG Bremen über einen gleichgelagerten Fall[5]. Trotz der vielfachen Kritik an der Entscheidung des LG Düssel-

---

[1] NJW 1955, 1031.

[2] Paragraphen ohne Gesetzesangaben sind solche des BGB.

[3] Das Gericht führte aus: „Selbst wenn man davon ausgeht, daß sich die Kraftfahrer, die den Grünstreifen zur Umgehung des Verkehrshindernisses benutzen, nicht in einer Notstandslage befunden und daher nicht nur vorsätzlich, sondern auch rechtswidrig gehandelt haben, schließt dies die Adäquatheit des ursächlichen Zusammenhanges im vorl. Fall nicht aus." (NJW 1955, 1031).

[4] Larenz, Tatzurechnung, 1009 ff.; Kühlewein, 1581 ff.; v. Caemmerer, Kausalzusammenhang, 8, 10, 15; Lehmann, 185 ff.; Hermann Lange, Gutachten, 53; Wolf, 30 ff.; Roth-Stielow, Tatbestandsmäßiges Verhalten, 894 (r. Sp.); ders., Reichweite, 181 (l. Sp.); Thalheim, 101 f.; Heuer, 3, 30 f., 174 f.; Rother, Haftungsbeschränkung, 25 ff.; ders., Adäquanztheorie, 180 f.; Dunz, Fremde Unrechtshandlungen, 135 (r. Sp.); Friese, 96 ff.; Luer, 150; Deutsch, Zurechnung, 51.

[5] VersR 1970, 424 ff.: Der nachfolgende Verkehr überfuhr den Rad- und Fußweg einer Straße, der dadurch erheblich beschädigt wurde. Vgl. zu der Entscheidung: v. Caemmerer, Schutzbereich, 290.

dorf schloß es sich dessen Begründung an: Infolge des adäquaten Kausalzusammenhanges erstrecke sich die Verantwortlichkeit auch auf eine derartige Folge. Der Rechtsstreit ging in die Revision. Am 16. 2. 1972 stellte der BGH das klageabweisende Urteil der Erstinstanz wieder her[6]. Er stellte fest, daß am adäquaten Kausalzusammenhang nicht gezweifelt werden könne. „Bei wertender Betrachtung" bestehe jedoch kein „für die Haftung ausreichender Zusammenhang" zwischen dem Verhalten des LKW-Fahrers und der Sachbeschädigung[7]. Dieser sei weder gem. § 7 StVG noch gem. § 823 ersatzpflichtig.

Die im Grünstreifen-Fall zu entscheidende Rechtsfrage läßt sich — vom konkreten Sachverhalt abstrahiert — wie folgt umschreiben: Es geht um die Haftung für einen Verletzungs- oder Schadenserfolg, der sich einerseits ohne das Täterverhalten nicht eingestellt hätte, andererseits aber auch von einer fremden Willensbetätigung abhängig war[8]. Mithin muß darüber geurteilt werden, ob der Einzelne verantwortlich ist, wenn sich andere Personen in den von ihm ausgelösten Kausalablauf einschalten und rechtlich geschützte Interessen beeinträchtigen. In solchen Fällen wird der Verletzte bzw. Geschädigte dem Täter, d. h. dem Auslöser des Geschehens, vorhalten, dieser habe eine Bedingung für den Erfolg gesetzt. Gegebenenfalls wird er hinzusetzen, die fremde Willensbetätigung sei voraussehbar gewesen. Der Täter habe also von seinem Handeln auch mit Rücksicht auf jene absehen müssen. Daher treffe ihn ein Unrechts- bzw. Schuldvorwurf. Der so Angesprochene wird erwidern, er könne doch nicht für das Verhalten anderer Personen haftbar gemacht werden. Wenn der Verletzte bzw. Geschädigte Ersatz begehre, könne er sich nur an die Fremdtäter halten. Auf ihn könne jedenfalls nicht zurückgegriffen werden[9]. — Der Rechtsanwendende hat die Richtigkeit entweder des einen oder des anderen Standpunktes zu bestätigen. Mit der vorliegenden Arbeit soll der Versuch unternommen werden, ihm Hilfen für die Lösung des Problems an die Hand zu geben.

---
[6] BGHZ 58, 162 ff = NJW 1972, 904 ff. = JZ 1972, 559 ff. = JuS 1972, 473 Nr. 6. Vgl. zu der Entscheidung: Deutsch, Regreßverbot, 551 ff.; Hermann Lange, Schadensersatzpflicht, 280 ff.; Haberhausen, 1307 ff.
[7] BGHZ 58, 168.
[8] Außer den bisher genannten Autoren befassen sich etwa mit dieser Frage: Reinecke, bes. 66 ff.; Schwarz, 162 ff.; Kollhosser, 511 ff.; Deutsch, Anmerkung I, 641 ff.; ders., Anmerkung II, 375 ff.; ders., Haftungsrecht I, bes. 157 ff.; Friese, bes. 211 ff.; Nökel, bes. 89 ff.; Weingart, 193 ff.; Martens, 740 ff.; Hübner, Schadensverteilung, 496 ff.; ders., Anmerkung, 480 f. Vgl. unter den Kommentierungen: Staudinger / Werner, Vorbem. zu §§ 249 - 255, Rdnr. 44 f.; Soergel / Reimer / Schmidt, §§ 249 - 253, Rdn. 32 ff.; Erman / Sirp, § 249 Rdn. 20; RGRK, vor §§ 249 - 255, Anm. 32 ff.
[9] Er wird sich auf ein „Regreßverbot" (Frank, § 1 Anm. III 2 a) berufen. Vgl. dazu auch: Michelsen, 40 f.; Deutsch, Anmerkung I, 641 (r. Sp.); ders., Haftungsrecht I, 158.

I. Das Problem — veranschaulicht am Grünstreifen-Fall

Vor der Präzisierung des durch die Fragestellung erfaßten Fallmaterials sei die Thematik der Untersuchung eingegrenzt. Ihr Gegenstand ist ausschließlich die deliktische Haftung für fremde Willensbetätigungen. Die vertragliche Einstandspflicht soll nicht behandelt werden[10]. Damit wird der Erkenntnis Rechnung getragen, daß die vertragliche und deliktische Verantwortlichkeit trotz des ihnen gemeinsamen Verschuldenserfordernisses auf verschiedenen Rechtsgründen beruhen[11]. Während sich die eine nach der Risikoabgrenzung der Vertragsparteien richtet, ist für die andere das Interesse der Rechtsgemeinschaft entscheidend. Für die Reichweite der Haftung ergeben sich daraus kategoriale Unterschiede[12]. Neben dem vertraglichen Anspruchsgrund sollen auch solche Vorschriften unberücksichtigt bleiben, die eine Gefährdungshaftung normieren, einen Unrechts- bzw. Schuldvorwurf also nicht voraussetzen. Darunter fallen einmal Bestimmungen wie § 7 StVG, die zwar ihrem ausdrücklichen Wortlaut nach keine Haftung für fremdes Tun anordnen, bei denen jedoch die Gesetzesmerkmale Raum für eine solche bieten. Zum anderen sind es Normen wie § 278 oder §§ 485 HGB und 2 RHG, die explizit die Verantwortlichkeit für das Handeln anderer betreffen[13]. Für all diese Vorschriften ist die Reichweite nach Kriterien abzustecken, die aus der ratio des jeweiligen Haftungsgrundes abzuleiten sind[14, 15]. Diese unterscheiden sich von den für eine Verschuldensnorm zu erarbeitenden Maßstäben[16]. Es soll in Kauf genommen werden, daß das Ausklammern jener Bestimmungen für einige Sachverhalte — wie etwa den Grünstreifen-Fall — unzweckmäßig ist. Wenn nämlich der Anspruch des Geschädigten auf eine Gefährdung *und* das Verschulden seitens des Täters gestützt werden kann, muß der Rechtsanwendende auch auf solche Ausgleichsnormen einge-

---

[10] Vgl. dazu etwa: Hermann Lange, Gutachten, 46 ff. Teilweise gehören dem vorliegend zu untersuchenden Fallmaterial aber auch Sachverhalte an, in denen eine vertragliche und eine deliktische Haftung in Betracht kommen, vgl. dazu: unten C.I.4. und C.II.4.a) bb) (2) (a).

[11] Grundlegend dazu: Dietz, bes. 264 ff.; Stoll, Handeln, 334 ff.

[12] Anders: Raiser, Haftungsbegrenzung, 87 ff.; ders., Adäquanztheorie, 465 (r. Sp.), der das Problem der Haftung für fremde Willensbetätigungen im vertraglichen und deliktischen Bereich in gleichem Sinne lösen will. Dem ist nicht zuzustimmen; vgl. dazu unten C.I.4.

[13] Vgl. zu diesen Vorschriften: Hübner, Schadenszurechnung, 77 ff.

[14] Larenz, Objektive Zurechnung, 85; ders., Prinzipien, 174.

[15] In die Reihe der genannten Vorschriften gehört auch eine Neufassung des § 831, wenn sie entsprechend dem „Referentenentwurf eines Gesetzes zur Änderung und Ergänzung schadensrechtlicher Vorschriften" vom Januar 1967 die gleiche Struktur wie § 278 erhält. Dagegen normiert § 831 in der heutigen Fassung eine Verschuldenshaftung; vgl. etwa: Soergel/Schraeder, § 831, Rdn. 3; Jakobs, 1061 f. Siehe dazu unten C.II.2.b).

[16] Anders: BGH — Urt. v. 16. 2. 1972, BGHZ 58, 165; vgl. zum Unterschied zwischen der Verschuldenshaftung und anderen Haftungsarten unten D.II.

18 A. Einführung

hen. Andererseits könnte im Rahmen der Arbeit nicht annähernd eine erschöpfende Erörterung des Zwecks jener Vorschriften erfolgen. Schließlich ist noch darauf hinzuweisen, daß auch die deliktische Haftung für fremdes Tun nicht umfassend behandelt werden kann. Die Konstellation des bewußten und gewollten Zusammenwirkens mehrerer Beteiligter soll nicht erfaßt werden[17]. Dieser Problemkreis ist durch die Aufgabenstellung charakterisiert, zur Subsumtion unter § 830 die Gesetzesbegriffe der Mittäterschaft, Anstiftung und Beihilfe auszulegen[18]. Auch dieser Thematik würde nur eine Bearbeitung gerecht, die umfassender ist, als es ein Eingehen im Rahmen der vorliegenden Untersuchung wäre[19].

II. Grundlegendes zum Fallmaterial, zur Behandlung des Problems in der Vergangenheit und zur Struktur des § 823 I

1. Grundlegendes zum Fallmaterial

Es sei noch einmal festgestellt: Gemeinsames Merkmal der durch die Fragestellung der Arbeit erfaßten Sachverhalte ist, daß der Verletzungs- bzw. Schadenserfolg auf das Täterverhalten und eine fremde Willensbetätigung zurückzuführen ist. Das soll nunmehr unter verschiedenen Aspekten präzisiert werden.

a) Die Kausalmuster der Sachverhalte

Die bisher verwendeten Formulierungen hinsichtlich der Struktur der problematischen Sachverhalte sind so gefaßt, daß darunter zwei Kausalmuster fallen[20]. Zum einen handelt es um die sog. psychisch vermittelte Kausalität[21]. Zum anderen ist es die Konstellation des „Aufeinandertreffens mehrerer Geschehensabläufe".

---

[17] Die Thematik ist besonders durch die Haftung von Demonstrationsteilnehmern (vgl. dazu: Kollhosser, 510 ff.; Ballerstedt, 105 ff.) sowie von Hausbesetzern (vgl. BGH-Urt. v. 29. 10. 1973/NJW 1975, 49 ff.) aktuell geworden.
[18] Vgl. etwa: Soergel / Zeuner, § 830, Rdn. 4 ff.; Erman / Drees, § 830, Rdn. 2 ff.; Palandt / Thomas, § 830, 2.
[19] Im übrigen kann ein Mittäter oder Gehilfe iSd § 830 auch verantwortlich sein, wenn er den Verletzungserfolg erwiesenermaßen nicht verursacht hat (vgl. Bydlinski, Mittäterschaft, bes. 417 ff.; Deutsch, Begrenzung, 557). Auch insoweit heben sich jene Sachverhalte von den Problemfällen ab, die sämtlich eine Urheberschaft des Täters voraussetzen. Vgl. dazu: die folgenden Ausführungen.
[20] Die folgende Unterscheidung findet sich bereits bei Ortmann, 268 ff.; vgl. auch: Friese, 133 ff.
[21] Vgl. zur Bezeichnung: Frank, a.a.O.; Rutkowsky, aaO; Deutsch, Regreßverbot, 551; BGH-Urt. v. 13. 7. 1971 (JZ 1972, 58 f.); ablehnend: Haberhausen, 1309 („... eine psychisch vermittelte Kausalität gibt es nicht.").

aa) Die psychisch vermittelte Kausalität

Die fremde Willensbetätigung kann eine Folge des Täterverhaltens sein[22]. Der Grünstreifen-Fall ist so gelagert. Ohne den vom LKW-Fahrer verschuldeten Unfall hätten die nachfolgenden Kraftfahrer keine Veranlassung zur Umfahrung einer Fahrbahnblockierung gehabt. Ihr schädigendes Verhalten wäre ausgeblieben. Ist die Fremdtat solchermaßen eine Reaktion auf die vom Täter gesetzten Bedingungen, so handelt es sich um psychisch vermittelte Kausalität[23].

Mit diesem häufig verwendeten Ausdruck soll veranschaulicht werden, daß die fremde Willensbetätigung — genauer: die fremde Willensbildung — gleichsam als Medium der Ursächlichkeit erscheint. Es soll vor allem der Gegensatz zu Fallgestaltungen unterstrichen werden, in denen ausschließlich naturgesetzliche Faktoren die Verletzung bzw. den Schaden vermitteln[24, 25]. Der Täter steht bei einem psychisch vermittelten Kausalablauf am Anfang der Bedingungskette, die sich auf dem Weg über die Fremdtat zum Erfolg hin entwickelt[26]. Es ist daher gerechtfertigt, ihn als „Vortäter"[27] zu bezeichnen.

Im Grünstreifen-Fall sind sich die nachfolgenden Kraftfahrer über die Bedeutung ihres Tuns im klaren. Sie wissen, daß sie den vom Unfallschuldigen ausgelösten Kausalprozeß in Richtung auf die Beeinträchtigung eines fremden Rechtsgutes lenken. Das aber ist für eine psychisch vermittelte Kausalität nicht Voraussetzung. Man stelle sich vor, ein Apotheker verkauft seinem Kunden statt des verlangten Schmerzmittels ein tödlich wirkendes Gift. Dieser gibt es nichtsahnend an seine Frau weiter, die an den Folgen der Einnahme verstirbt. Obgleich es dem Kunden am Bewußtsein fehlt, zum Tod seiner Ehefrau beizutragen, ermöglicht er, daß sich die Unaufmerksamkeit des Apothekers schädlich auswirkt. Auch ein Kausalablauf, bei dem in solcher

---

[22] Dies läßt sich freilich nur akzeptieren, wenn man die Reaktion einer anderen Person als Folgegeschehen begreift; anders: Haberhausen, 1309. Siehe dazu: unten B.II.1.b) aa).

[23] Eine genaue Beschreibung des Phänomens der psychisch vermittelten Kausalität gibt Traeger, 31 ff.; vgl. auch: Martens, 742 f.

[24] Teilweise wird als Komplementärbegriff der der „physisch vermittelten Kausalität" verwendet, vgl. Rutkowsky, 607 (l. Sp.).

[25] Diese Konstellation beschreibt Reinecke, 99, dahingehend, daß „der Urheber der Bedingung ... mathematisch exakt im Erfolge die Entäußerung seiner Willensmacht über die Natur" vorfindet.

[26] Unter einer psychisch vermittelten Kausalität sei vorliegend also nicht verstanden, daß jemand einen Schockschaden erleidet; vgl. dazu: Roth-Stielow, Reichweite, 181 (r. Sp.) und v. Caemmerer, Schutzbereich, 291 (r. Sp.) mN. Man kann zwar auch insoweit von einer „psychischen Verursachung" sprechen (vgl. v. Caemmerer, aaO), jedoch wird der Erfolg in solchen Fällen nicht durch eine fremde Willensbetätigung vermittelt.

[27] Im Gegensatz zum Begriff des „Nebentäters".

20   A. Einführung

Weise die objektive Bedeutung des fremden Verhaltens und die subjektive Vorstellung des Handelnden auseinanderfallen, ist psychisch vermittelt.

bb) *Das Aufeinandertreffen mehrerer Geschehensabläufe*

Die Sachverhalte können andererseits so strukturiert sein, daß die Täterhandlung und die fremde Willensbetätigung unabhängig voneinander erfolgen, jedoch „ihre Wirksamkeit gleichzeitig zur Geltung bringen"[28]. Das Handeln der anderen Person ist dann keine Folge der Tat. Vielmehr werden verschiedene Kausalabläufe ausgelöst, die sich gewissermaßen kreuzen und im Schnittpunkt den Verletzungs- bzw. Schadenserfolg herbeiführen[29]. Im Gegensatz zu den Fällen psychisch vermittelter Kausalität, bei der es um die Haftung des Vortäters geht, stellt sich bei diesem Kausalmuster die Frage nach der Verantwortlichkeit des „Nebentäters"[30]. Das sei an einem Sachverhalt veranschaulicht, über den der BGH am 8.1.1963 entschied[31]. Ein 15jähriger Radfahrer war unachtsam vom Radfahrweg nach links auf die Straße gebogen. Der Fahrer eines Lieferwagens hatte sich ebenfalls unvorsichtig verhalten. Deshalb war der Radfahrer vom Lieferwagen erfaßt, zu Boden geschleudert und verletzt worden. Daraufhin hatte nun der Lieferwagenfahrer die Gewalt über das Fahrzeug verloren und zwei Passanten angefahren, die an den Unfallfolgen verstorben waren. Der BGH hielt beide Unfallverursacher, d. h. den Lieferwagen- und den Radfahrer, für dem Grunde nach verantwortlich[32]. Das Urteil sei später erörtert[33]. Vorerst interessiert nur die Kausalstruktur. Bis zur Verletzung des Radfahrers[34] handelt es sich um das Muster des Aufeinandertref-

---

[28] Ortmann, 270.

[29] Ortmann, aaO, bezeichnet diese Kausalstruktur als „simultanes Zusammentreffen" mehrerer Handlungen — im Gegensatz zum „successiven Zusammentreffen" (psychisch vermittelte Kausalität). Bei Weckerle, 90, findet sich die Bezeichnung „notwendig koinzidierende Kausalität".

[30] Vgl. zum Begriff: Soergel / Zeuner, § 830, Rdn. 2; Palandt / Thomas, § 830, 2; ferner Deutsch, Haftungsrecht I, 340 f. (mwN), der allerdings als „Nebentäter" auch solche Personen bezeichnet, die „hintereinander wirkend ursächlich" gewesen sind, hier also als „Vortäter" bezeichnet werden.

[31] JZ 1964, 178 ff.

[32] Der BGH hatte über die negative Feststellungsklage des Radfahrers gegen den Fahrer des Lieferwagens und dessen Halter zu entscheiden, mit der die Feststellung begehrt wurde, daß keine Pflicht des Klägers bestehe, im Wege der Ausgleichung den Beklagten gegenüber für den durch die Tötung der Fußgänger entstandenen Schaden aufzukommen.

[33] C.II.3.b).

[34] Hätte der Lieferwagenfahrer im weiteren Verlauf nicht jegliche Gewalt über das Fahrzeug verloren, so daß von einer Willensbetätigung nicht mehr gesprochen werden könnte, sondern hätte er die Passanten z. B. bei einem Bremsversuch erfaßt, so könnte der Fall ebenso die Konstellation psychisch

fens mehrerer Geschehensabläufe. Lieferwagen- und Radfahrer handeln fehlerhaft. Dabei ist keine der Nachlässigkeiten eine Folge der jeweils anderen. Zur Kollision kommt es, indem die unabhängig voneinander ausgelösten Kausalketten aufeinanderstoßen.

Man könnte nun einwenden, bei dem Kausalmuster des Aufeinandertreffens mehrerer Geschehensabläufe gingen die Verletzung bzw. der Schaden unmittelbar auf das Täterverhalten zurück. Es handele sich nicht um die Haftung für fremdes, sondern für eigenes Tun. Dabei aber bliebe unberücksichtigt, daß sich im Erfolg die Auswirkungen eigenen und fremden Tuns verkörpern. Die Verantwortlichkeit des Täters ist demnach auch eine Fremdverantwortlichkeit[35]. Das rechtfertigt es, die Konstellation ebenfalls zu untersuchen[36, 37].

b) Die Zahl der beteiligten Personen

Bei dem zu betrachtenden Fallmaterial kann es sich um Zwei- sowie um Drei- bzw. Mehrpersonenverhältnisse handeln. Beide Varianten und ihre Besonderheiten seien im folgenden näher betrachtet.

aa) Die Drei- bzw. Mehrpersonenverhältnisse

Die bisher zur Veranschaulichung herangezogenen Beispielsfälle sind Drei- bzw. Mehrpersonenverhältnisse. Der Täter (Erstverursacher) und eine Person bzw. mehrere Beteiligte (Zweitverursacher) führen unter den bezeichneten Kausalkonstellationen die Verletzung oder Schädigung eines Dritten herbei.

Die Frage nach der Haftung des Erstverursachers wird besonders aktuell, wenn der oder die Zweitverursacher nicht verantwortlich, nicht zu ermitteln oder zahlungsunfähig sind. In solchen Fällen kann bzw. wird sich der Geschädigte ausschließlich an den Ersten halten[38].

---

vermittelter Kausalität veranschaulichen: Der Kausalablauf zwischen der Kollision mit dem Radfahrer und dem Überfahren der Fußgänger wäre durch eine Willensbetätigung vermittelt.

[35] Etwas anderes gilt, wenn der Anteil des Einzelnen am Verletzungs- oder Schadenserfolg feststeht; vgl. dazu: unten C.II.2.c). Es fehlt dann — iSd Terminologie dieser Arbeit — an einem gemeinsam herbeigeführten Erfolg.

[36] So auch: Rother, Adäquanztheorie, 177 ff.; ebenso behandelt Dunz, Fremde Unrechtshandlungen, 134 ff., derartige Fälle.

[37] Dagegen kann das Problem der kumulativen oder alternativen Kausalität (Unabhängig voneinander vergiften A und B den C. Dieser würde schon bei einer Dosis versterben) unberücksichtigt bleiben. Da das Handeln des jeweils anderen hinweggedacht werden kann, sind derartige Fälle unter dem Aspekt der Haftung für ausschließlich eigenes Tun zu sehen. — Vgl. zu der Problematik etwa: Bydlinski, Schadensverursachung, 15 ff.; Rother, Adäquanztheorie, 178 (r. Sp.); Dunz, Fremde Unrechtshandlungen, 134 (l. Sp.).

[38] Vgl. Rother, Haftungsbeschränkung, 28.

Dessen Haftung bedeutet freilich nicht, daß er den Schaden stets auch endgültig zu tragen hat. Sind der oder die Zweiten ebenfalls haftpflichtig, so kann er ihn oder sie ermitteln und Rückgriff nehmen[39]. Die Frage nach der Haftung von Fremdpersonen ist allerdings ebensowenig ein Thema dieser Arbeit wie das Bestehen und der Umfang von Regreßansprüchen.

Es ist aber auch möglich, daß sich bei Dreipersonenverhältnissen in der Praxis die Frage nach der Täterverantwortlichkeit nicht stellt. Das ist der Fall, wenn der Erstverursacher nicht auffindbar ist[40]. Fährt etwa ein Autofahrer mit aufgeblendeten Scheinwerfern, so kann dies zur Folge haben, daß der Fahrer eines entgegenkommenden Fahrzeuges geblendet wird und mit einem anderen Wagen kollidiert[41]. In derartigen Fällen ist es dem Ersten leicht möglich, der Situation unerkannt zu entkommen[42]. Denkbar ist sogar, daß er von den Auswirkungen seines Fehlverhaltens nichts bemerkt. Obgleich der Beitrag des Täters zum Geschehnis ungleich gewichtiger als der des Zweiten sein kann, findet der Schadensausgleich vielfach ohne den Ersten statt.

bb) *Die Zweipersonenverhältnisse*

Bei Zweipersonenverhältnissen besteht eine Identität zwischen dem Zweitverursacher und dem Verletzten bzw. Geschädigten[43]. Dies sei an einem Sachverhalt verdeutlicht, der der Entscheidung des BGH vom 13. 7. 1971 zu Grunde lag[44]. Der Beklagte hatte sich ohne gültigen Fahrausweis auf dem Gelände der Bundesbahn aufgehalten. Er war von einem Betriebsoberaufseher, dem Kläger, aufgefordert worden, seine Personalien anzugeben. Daraufhin hatte er versucht zu fliehen. Der Kläger hatte ihn über eine Bahnhofstreppe verfolgt, war gestürzt und hatte sich eine Körperverletzung zugezogen. In diesem Fall ist der Fliehende Erst-, der Verfolgende Zweitverursacher. Dessen Verletzung ist nur möglich, weil er selbst den Entschluß zu seiner Aktion gefaßt und ausgeführt hat. Die Haftung des Ersten wirft bei derartigen Konstellationen die gleichen Fragen wie bei Dreipersonenverhältnissen auf. Keineswegs bilden derartige Sachverhalte einen eigenen Problem-

---

[39] Vgl. OLG Bremen, VersR 1970, 425 (r. Sp.): „Das Risiko, das in der Nichtdurchsetzbarkeit der Ansprüche gegen den unmittelbaren Schädiger liegt, kann aber dem Halter, dessen Fahrzeug die zum Schaden führende Ursachenkette in Lauf gesetzt hat, eher angelastet werden als dem Geschädigten."

[40] Vgl. Rutkowsky, 606 f.

[41] Ein ähnlicher Fall lag der Entscheidung des BGH (Strafsachen) vom 21. 9. 1951 (NJW 1951, 931, Nr. 22) zu Grunde.

[42] Vgl. Rutkowsky, 606 f.

[43] Vgl. Roth-Sielow, Tatbestandsmäßiges Verhalten, 894 (r. Sp.).

[44] JZ 1972, 56 ff.

kreis⁴⁵. Wäre etwa der Fliehende — im Gegensatz zur Auffassung des BGH⁴⁶ — für die Verfolgungsrisiken nicht verantwortlich, so müßte diese Feststellung generell akzeptiert werden. Ihn würde auch dann keine Haftpflicht treffen, wenn der Verfolgende durch seinen Übereifer dritte Personen zu Schaden bringt. Umgekehrt lassen sich auch die für Dreipersonenverhältnisse ermittelten Ergebnisse auf Zweipersonenverhältnisse übertragen. Wenn sich im Grünstreifen-Fall der Verantwortungsbereich des Unfallschuldigen nicht auf die Umfahrung der Blockierung erstreckt, gilt das auch für einen Schaden, den die ungeduldigen Kraftfahrer erleiden. Dieser könnte etwa entstehen, wenn der Grünstreifen infolge der Schwere der Fahrzeuge nachgibt oder ein Wagen mit der Leitplanke kollidiert. Zwei- und Drei- bzw. Mehrpersonenverhältnisse sind nach durchaus gleichen Kriterien zu entscheiden; die Zahl der Beteiligten ist oftmals rein zufälliger Natur.

Freilich gibt es einen Unterschied zwischen den Varianten. Während bei Drei- bzw. Mehrpersonenverhältnissen der Geschädigte im Falle der Haftung des Täters stets vollen Schadensausgleich erhält, greift bei Zweipersonenverhältnissen § 254 ein. Ist der Erste dem Grunde nach verantwortlich, so kann sich unter den Voraussetzungen des § 254 der Schadensersatzanspruch mindern. Wenn aber der Haftungsgrund infolge der fremden Tat bereits entfällt⁴⁷, ist eine Abweichung beider Konstellationen nicht zu erkennen.

c) Die Beschaffenheit der fremden Willensbetätigung

An den bisher geschilderten Beispielen wird bereits erkennbar, daß der Begriff der Zweithandlung weit ausgelegt werden soll. Im einzelnen sei dies noch einmal erläutert.

Zunächst beschränkt sich die Untersuchung keineswegs auf solche Konstellationen, in denen die Zweittat — wie etwa im Grünstreifen-Fall — unmittelbar zu einer Rechts- bzw. Rechtsgüterverletzung führt. Als fremde Willensbetätigung soll vielmehr jedes Verhalten verstanden werden, das einen inkriminierten Erfolg nach sich zieht⁴⁸. Wenn z. B.

---

⁴⁵ Dies wurde bereits von Cohnfeldt (1865), 143, erkannt: „Es ist ganz unerfindlich, warum ein Unterschied bestehen soll zwischen dem Schaden, der durch eigene Schuld des Klägers und dem, der durch Schuld eines Dritten zu der ursprünglichen Beschädigung hinzugetreten ist."; vgl. auch: Deutsch, Regreßverbot, 552 (l. Sp.).

⁴⁶ Der BGH sah den Beklagten für dem Grunde nach schadensersatzpflichtig an.

⁴⁷ Es ist anerkannt, daß das Mitwirken des Verletzten am Primärerfolg nicht nur als Mitverschulden iSd § 254 zu berücksichtigen ist, sondern bereits den Haftungsgrund entfallen lassen kann; vgl. etwa: Soregel / Reimer / Schmidt, § 254, Rdn. 1; Erman / Sirp, § 254, Rdn. 2.

ein Anhalter in einen nicht mehr verkehrssicheren Wagen steigt und nach geraumer Fahrzeit Opfer eines durch den Zustand des Fahrzeuges bewirkten Unfalls wird[49], so trägt er zu seinem Schaden selbst bei. Da der Erfolg sowohl auf die Benutzung eines unsicheren Kraftwagens durch den Fahrer als auch auf das Mitfahren des Anhalters zurückzuführen ist, ist die mögliche Haftung des Fahrers auch eine solche für fremdes Tun[50].

Ferner soll die Zweittat nicht mit einer Unrechtshandlung gleichgesetzt werden[51]. Wäre das der Fall, müßte ein Großteil der Zweipersonenverhältnisse ausgeklammert werden. Die Gefährdung oder Verletzung eigener Rechte oder Rechtsgüter ist nicht rechtswidrig[52], es sei denn, die Zweittat wäre noch aus anderen Gründen zu mißbilligen. Im Anhalter-Fall jedenfalls ist das Hinzusteigen kein Unrecht, mag es auch eine Ursache für den späteren Schaden des Anhalters sein. Auch in den Verfolgungs-Fällen ist die Aktion des Verfolgers oftmals rechtmäßig, möglicherweise wird sie von der Rechtsordnung sogar verlangt. Derartige Fälle aber sind — wie sich zeigen wird — durchaus problematisch[53]. Eine Beschränkung der Thematik auf die Haftung für fremdes Unrecht würde aber auch in den Dreipersonenverhältnissen zu einer willkürlich anmutenden Auswahl von Fallgestaltungen führen. Man denke daran, daß im Grünstreifen-Fall der Schaden des Wegeeigentümers ebenso durch im Einsatz befindliche Rettungswagen angerichtet werden kann. Auch dann stellt sich die Frage nach der Haftung des Unfallschuldigen.

Schließlich soll die Zweittat nicht von bestimmten subjektiven Vorstellungen der fremden Person abhängig sein. Das bedeutet, daß sowohl vorsätzliche als auch fahrlässige Fremdhandlungen berücksichtigt werden. Ein Beispiel für die erste Variante ist wiederum der Grünstreifen-Fall, für die zweite der vom BGH am 8. 1. 1963[54] entschiedene Sachverhalt. Daneben ist es auch möglich, daß der Zweitverursacher weder vorsätzlich noch fahrlässig handelt. So liegt der Fall, in dem der Apo-

---

[48] Rother, Gefährdung, 261 ff., weist darauf hin, daß das Fremdverhalten selbstverständlich auch schadensabwendend wirken kann. Die fremde Person kann die Nachlässigkeit des Pflichtigen durch erhöhte Aufmerksamkeit wieder ausgleichen. Aber auch dabei können ihr Fehler unterlaufen, die zu Rechtsverletzungen führen, vgl. dazu unten C.II.3.
[49] Vgl. zur Fallkonstellation: Reinecke, 125 ff.
[50] Die Arbeit erfaßt demzufolge auch die Fälle des sog. „Handelns auf eigene Gefahr", vgl. dazu unten C.II.4.a) bb) (1).
[51] Insofern unterscheidet sich die Problemstellung von derjenigen, die Dunz, Fremde Unrechtshandlungen in der Kausalkette, 134 ff., erörtert. Wie hier: Luer, 154 f., der seine Ausführungen auch auf rechtmäßige Zweittaten bezieht; ebenso Haberhausen, 1307 ff.
[52] Vgl. etwa: Soergel / Reimer / Schmidt, § 254, Rdn. 11.
[53] Vgl. unten C.II.4.a) bb) (2) (e).
[54] A.II. 1a) bb).

II. Das Fallmaterial, die Problemhandlung und die Gesetzesstruktur 25

thekenkunde das tödlich wirkende Mittel an seine Frau weiterreicht. Der Erfolg ist für diesen nicht voraussehbar.

2. Grundlegendes zur Behandlung des Problems in der Vergangenheit

Das Problem wurde früher von zwei Kausalitätstheorien beherrscht, d. h. es wurde dogmatisch über die Auslegung des Begriffes der Verursachung gelöst. Manche Zweittaten wurden als vom Ersten verursacht angesehen, andere hingegen nicht. Die eine — frühere — Theorie war die von der Unterbrechung des Kausalzusammenhanges[55]. Nach ihr sollte die vom Täter ausgelöste Ursachenreihe mit dem freiwilligen Dazwischentreten eines Dritten enden[56]. Dieser Lehre lag — wie später noch erkennbar wird — ein restriktives Verständnis von der Reichweite der Verantwortlichkeit zu Grunde. Im Gegensatz dazu stand — und steht teilweise noch heute — die Adäquanztheorie[57]. Sie wurde nicht speziell anhand der und für die Problemfälle entwickelt, wurde aber dennoch ganz überwiegend auf diese angewendet. Insbesondere das RG folgte ihr[58]. Die Adäquanztheorie verdrängte die Lehre von der Unterbrechung des Kausalzusammenhanges[59]. Nach ihr erschien auch ein freiwilliges Zweithandeln als vom Täter verursacht, wenn es im Zeitpunkt der Ersttat mit einem hinreichenden Grad von Wahrscheinlichkeit erwartet werden konnte[60]. Die fremde Willensbetätigung stellte sich nach dieser Theorie als ein gewöhnliches Glied in der Kausalkette dar. Gegenüber der Lehre von der Unterbrechung des Kausalzusammenhanges führte diese Betrachtungsweise zu einer extensiven Hand-

---

[55] Ein Vertreter dieser Lehre war etwa Ortmann, 268 ff.; vgl. auch: die Entscheidung des RG v. 15.10.1883 (RGZ 10, 74 ff.). Zur Theorie und ihrer Aussage ferner: Lindenmaier, 220; Larenz, Tatzurechnung, 1009 ff.; Enneccerus / Lehmann, § 15 III 3 (67).

[56] Unter dem Begriff der Unterbrechung des Kausalzusammenhanges wurden und werden zum Teil auch solche Fälle behandelt, in denen die Handlung des Ersten zu überhaupt keinem Erfolg führt, weil die Zweittat ihr zuvorkommt. Um derartige Konstellationen geht es vorliegend nicht. Bei ihnen fehlt der Kausalzusammenhang zwischen Ersttat und Verletzungserfolg (vgl. Enneccerus / Lehmann, § 15 III 3). Zur Unterscheidung findet sich auch die Formulierung „abgebrochene" Kausalität (vgl. Michelsen, 30).

[57] Vgl. dazu: unten B.I.1.b) bb) und C.I.1.

[58] Vgl. etwa: RG-Urt. v. 3.11.1922 (RGZ 106, 14 ff.); v. 27.9.1929 (125, 374 ff.); v. 26.5.1930 (RGZ 129, 128 ff.); v. 22.6.1931 (RGZ 133, 126 ff.); v. 6.6.1940 (RGZ 164, 125); v. 24.11.1942 (DR 1943, 616).

[59] Vgl. etwa: Lindenmaier, 240, der der Lehre von der Unterbrechung des Kausalzusammenhanges jede Berechtigung abspricht: „Es handelt sich in den Fällen, in denen diese Bezeichnung gebraucht wird, um eine inadäquate Folge." In diesem Sinne auch: Enneccerus / Lehmann, § 15 III 3; Staudinger / Werner, Vorbem. zu §§ 249 - 255, Rdn. 4⁴ f.; Erman / Sirp, § 249, Rdn. 20; Esser, Lehrbuch I, § 44 III 2 c (305 f.).

[60] Vgl. dazu: unten C.I.1.

habung der Deliktsnormen. — Die Adäquanztheorie wandelte sich im Laufe der Zeit von einer Kausalitäts- zu einer Zurechnungstheorie — jedenfalls für die herrschende Auffassung[61]. Sie blieb aber für die Problemfälle zunächst dominierend[62]. Die Entscheidung des LG Düsseldorf vom 8. 3. 1955 leitete schließlich einen Prozeß ein, im Verlaufe dessen der Anwendungsbereich der Adäquanztheorie überdacht wurde. Im Schrifttum wurde die Besonderheit des Problems hervorgehoben. Neue dogmatische und inhaltliche Lösungskonzeptionen wurden entwickelt[63]. In der Entscheidung vom 16. 2. 1972 sowie in weiteren Urteilen[64] hat der BGH dem nunmehr Rechnung getragen.

Insgesamt läßt sich auch bei der Behandlung des einschlägigen Problems eine Tendenz ablesen, die „einen für die gesamte Entwicklung der modernen Rechtsfindungslehre feststellbaren Umschichtungsprozeß"[65] darstellt. Während um die Jahrhundertwende und in den ersten Jahrzehnten des 20. Jahrhunderts der Aspekt der Rechtssicherheit im Vordergrund stand, wird zunehmend das Anliegen an der Einzelfallgerechtigkeit betont[66]. Die zumeist rechtstheoretisch entwickelte „Formel", die ganze Problemkreise mit einem einheitlichen Lösungsmaßstab versehen will, hat es immer schwerer, ihren Platz zu behaupten[67]. Mehr und mehr wird bezweifelt, daß sie geeignet ist, dem konkreten Sachverhalt mit seinem vielfältigen Topoi gerecht zu werden[68]. Als Nachfolger steht der Katalog von Wertungsgesichtspunkten bereit, der durch die Betrachtung einzelner Fallgruppen gewonnen wird[69]. Aufgabe der vorliegenden Untersuchung ist es daher auch, den Ort zu bestimmen, den das zu erarbeitende Lösungskonzept im Rahmen dieser Entwicklung einnimmt[70].

3. Grundlegendes zur Struktur des § 823 I

Die Untersuchung wird sich hauptsächlich mit der Subsumtion der Problemfälle unter § 823 I befassen. Diese Vorschrift sei daher in ihrer Struktur dargestellt. Bei ihrer Anwendung ist grundlegend zwischen

---

[61] Vgl. dazu: unten B.I.4.a).

[62] So wendete sie der BGH in seiner Entscheidung vom 23. 10. 1951 (BGHZ 3, 261 ff.) auf den sog. Dattelner-Schleusen-Fall an; vgl. dazu etwa: Joseph Georg Wolf, 6 ff.; ferner unten C.II.4.a) bb) (2) (d) Fußn. 43.

[63] Vgl. dazu: unten B. und C.I.

[64] BGH-Urt. v. 13. 7. 1971 (JZ 1972, 56 ff.; vgl. A.II.1.b) bb)); v. 13. 7. 1971 (JZ 1972, 58 f.); v. 29. 10. 1964 (NJW 1975, 168).

[65] Roxin, 113.

[66] Ders., aaO.

[67] Ein Beispiel dafür ist etwa die Entwicklung der Adäquanztheorie, die in ihrer ursprünglichen begrifflich gefaßten Form kaum noch vertreten wird.

[68] Vgl. etwa: v. Caemmerer, Schutzbereich, 287 (r. Sp.).

[69] Vgl. etwa die Konzeptionen bei Friese, 133 ff., und Luer, 137 ff.

[70] Siehe dazu: C.II.4.a) bb) (1).

dem haftungsbegründenden und dem haftungsausfüllenden Kausalzusammenhang zu unterscheiden[71].

a) Der haftungsbegründende Kausalzusammenhang

Vom haftungsbegründenden Kausalzusammenhang wird sämtliches Geschehen umfaßt, das vom Täterverhalten ausgelöst wird und bis zur Primärverletzung[72], d. h. der ersten Rechts- oder Rechtsgutverletzung des Geschädigten, reicht. Auf diesen Kausalbereich beziehen sich sowohl der Unrechts- als auch der Verschuldensbegriff[73]. Wie der Grünstreifen-Fall zeigt, kann die fremde Willensbetätigung in den haftungsbegründenden Ursachenzusammenhang einwirken[74]. Zerlegt man den Sachverhalt in die rechtlich bedeutsamen Geschehnisse, so ergibt sich die nachstehende Reihenfolge: Unfallverursachung seitens des Täters und damit Blockierung der Fahrbahn (Ersttat) — Umfahrung der Unfallstelle (Zweittat) — Beschädigung des Grünstreifens (Primärverletzung). Wenn für einen derart strukturierten Sachverhalt die Verantwortlichkeit des Täters für das fremde Tun auszuschließen ist, ist dieser von jeder Haftung gegenüber dem Verletzten freigestellt[75]. Bei einer solchen Konstellation geht es also entweder um die Haftung oder um die Haftungsfreistellung des Erstverursachers. Es stellt sich nicht die Frage nach einer Haftungsbegrenzung.

b) Der haftungsausfüllende Kausalzusammenhang

Der haftungsausfüllende Kausalzusammenhang reicht von der Primärverletzung[76] bis hin zu jeder Einbuße, die der Verletzte dadurch an

---

[71] Vgl. dazu statt vieler: Soergel / Reimer / Schmidt, §§ 249 - 253, Rdn. 13 ff.

[72] Nicht: Zum Primärschaden. Der haftungsbegründende Kausalzusammenhang endet mit einem Verletzungserfolg, vgl. Deutsch, Privilegierte Haftung, 705 (l. Sp.); anders offenbar: Friese, 6.

[73] Nach einer Auffassung muß der gesamte haftungsbegründende Kausalablauf, d. h. auch der Verletzungserfolg, von der Rechtswidrigkeit („Rechtswidrigkeitszusammenhang", vgl. B.I.4.b)) und von der Schuld („Verschuldenszusammenhang"; vgl. dazu: Deutsch, Fahrlässigkeit, 62 f., 113, 177, 206 f.; Huber, 679 f.) erfaßt sein. Nach anderer Auffassung ist das Verschulden nur auf das rechtswidrige Handeln zu beziehen (vgl. v. Caemmerer, Wandlungen, 484 Anm. 114; ders., Schutzbereich, 290, r. Sp.); Weitnauer, Aktuelle Fragen, 589, r. Sp.). Das gleiche Problem stellt sich bei § 823 II; vgl. dazu: Stoll, Kausalzusammenhang, 21 ff.

[74] Vgl. dazu: Friese, 97 Anm. 1; Deutsch, Regreßverbot, 552 (l. Sp.); ders., Haftungsrecht I, 162.

[75] Gegenüber Dritten kann er dagegen schadensersatzpflichtig bleiben. So haftet im Grünstreifen-Fall der Unfallschuldige in jedem Fall für die dem Unfallgegner entstandenen Schäden.

[76] Liegt eine Primärverletzung des Geschädigten nicht vor, so handelt es sich um eine sog. mittelbare Schädigung. Ein Ersatzanspruch besteht nur in den Ausnahmefällen der §§ 844, 845; vgl. dazu: Lehmann, 179 f.; Berg, Begrenzung, 319 (l. Sp.); Thalheim, 129 ff.; Friese, 7 (mwN).

seinem Vermögen erleidet. Dieser Kausalbereich wird weder vom Unrechts-[77] noch vom Schuldbegriff[78] erfaßt. Das Gesetz macht die Ersatzpflicht allein von der Verursachung der weiteren Folge abhängig[79]. — Auch dieser Kausalablauf kann durch eine fremde Willensbetätigung beeinflußt werden. Ein anschaulicher Beispielsfall findet sich bei Friese[80]: Ein Kassenbote wird Opfer eines vom Täter verschuldeten Verkehrsunfalles. Als Folge des Unfalles bleibt er körperbehindert. Seine Unbeweglichkeit veranlaßt einen Kollegen, ihn niederzuschlagen und zu berauben. Die Struktur dieses Falles ist die folgende: Unfallverursachung seitens des Täters (Ersttat) — Beeinträchtigung der körperlichen Integrität (Primärverletzung) — Raubüberfall (Zweittat) — Beeinträchtigung der körperlichen Integrität (Folgeschaden). In solchen Fällen steht die Verantwortlichkeit des Täters fest. Es geht um die Begrenzung seiner Haftung im Hinblick auf solche Folgeschäden, die durch andere Personen herbeigeführt werden.

III. Der Schwerpunkt und der Aufbau der nachfolgenden Untersuchung

Der Schwerpunkt der nachfolgenden Untersuchung wird auf der Behandlung solcher Fälle liegen, in denen die Zweittat den Primärerfolg herbeiführt. Zwischen dieser Struktur und jener, bei der die fremde Willensbetätigung der Erstverletzung nachfolgt, ist nicht nur formal zu trennen. Wie sich zeigen wird[81], bedingt der eingeschränkte Bezug von Rechtswidrigkeit und Verschulden einen kategorialen Unterschied bei der Herausarbeitung von Lösungshilfen. Ein Bedürfnis, beide Konstellationen gleichermaßen umfassend zu behandeln, scheint mir infolge der ausführlichen Untersuchung Frieses nicht zu bestehen. Dieser befaßt sich mit der „Haftungsbegrenzung für Folgeschäden aus unerlaubter Handlung". Er erörtert dabei eingehend auch die Problemfälle, soweit eben der haftungsausfüllende Kausalzusammenhang von der Zweittat betroffen ist. Im Hinblick auf die von ihm erarbeiteten Entscheidungsmaßstäbe[82] ist ihm im wesentlichen[83] zuzustimmen. Der Thematik braucht daher nur eine summarische Betrachtung gewidmet zu werden.

---

[77] Vgl. Friese, 52 ff.
[78] Vgl. Stoll, Wagon Mound, 393; Lorenz, Anmerkung, 179 (r. Sp.); Friese, 65 ff.; Deutsch, Schutzbereich, 1987 (l. Sp.).
[79] Deutsch, Privilegierte Haftung, 707 (r. Sp.); ders., Zurechnung, 48; Friese, 9 ff.; v. Caemmerer, Schutzbereich, 283 f.
[80] Friese, 245 f.
[81] D.II.
[82] Friese, 133 ff.
[83] Siehe dazu: D.II.

III. Der Schwerpunkt und der Aufbau der nachfolgenden Untersuchung

Der Aufbau der Untersuchung ist der nachstehende: Die Teile B und C werden sich ausschließlich mit Fallgestaltungen beschäftigen, bei denen die Zweittat zur Primärverletzung führt. Unter B soll die dogmatische, unter C die sachliche Lösung des Problems erörtert werden. Die summarische Betrachtung der Frage der Haftungsbegrenzung ist dem Teil D vorbehalten. Im Teil E sollen die Ergebnisse der Arbeit zusammengefaßt werden.

B. Die dogmatische Behandlung des Problems

Im folgenden sei erörtert, wie das Problem der Haftung für fremde Willensbetätigungen dogmatisch zu lösen ist. Um bei den zahlreichen Lösungsvorschlägen oder -ansätzen die Übersichtlichkeit zu gewährleisten, werden die Konzeptionen zunächst dargestellt. Alsdann soll die kritische Betrachtung — verbunden mit der eigenen Stellungnahme — folgen.

I. Die Möglichkeiten zur dogmatischen Behandlung des Problems

Die Abgrenzung zwischen den noch und nicht mehr vom Ersten zu verantwortenden Zweittaten kann mittels der Auslegung eines Tatbestandsmerkmales, des Rechtswidrigkeits- und des Verschuldensbegriffes[1, 2] vorgenommen werden. Möglich ist auch, daß dies über eine teleologische Reduktion der Deliktsnorm bzw. „der hinter der Norm stehenden Pflicht"[3] zu erreichen ist.

1. Lösungen auf der Ebene der Tatbestandsfeststellung

Der Tatbestand des § 823 I ist erfüllt, wenn der Täter eines der dort genannten Rechte oder Rechtsgüter „verletzt". Dem Begriff der „Verletzung" können zwei weitere entnommen werden. Dies ist einmal der des „Täterverhaltens", der im folgenden mit der der „Täterhandlung" oder der „Deliktstat" gleichgesetzt werden soll[4]. Zum anderen ist es das Merkmal der „Verursachung" des Verletzungserfolges. — Dogmatisch kann das einschlägige Problem sowohl als ein solches des Täterverhaltens als auch als der Verursachung angesehen werden.

a) Lösungen auf der Ebene der Feststellung des „Täterverhaltens"

Es ist denkbar, daß das Fördern eines durch eine fremde Willensbetätigung herbeigeführten Verletzungserfolges in bestimmten Fällen

---

[1] Vgl. zu dieser Aufgliederung des § 823 I: Schmidt, 54 f.; Sourlas, 93.

[2] Nicht immer wird zwischen der Tatbestands- und Rechtswidrigkeitsfeststellung getrennt; vgl. dazu: Lorenz, Anmerkung, 180 l. Sp.; Schmidt, 54 f.; auch unten B.I.1.a) bb).

[3] Hermann Lange, Gutachten, 45.

[4] Zum Teil wird der Begriff des „Täterverhaltens" auch als Oberbegriff für positives Tun und Unterlassen verwendet; vgl. etwa: Larenz, Lehrbuch II, § 71 I a (449). Auf diese Unterscheidung kommt es im Rahmen der vorliegenden Untersuchung nicht an.

I. Die Möglichkeiten zur dogmatischen Behandlung des Problems

als tatbestandsmäßiges Verhalten bezeichnet werden kann, in anderen dagegen nicht. Auf diese Weise könnte bereits die Feststellung der Tatbestandsmäßigkeit eine Lösung der Problemfälle ermöglichen. Es fragt sich demnach, ob und wie die für das Deliktsrecht vertretenen Handlungslehren[5] Raum für die bezeichnete Abgrenzungsmethode bieten.

aa) Die kausale Handlungslehre

Nach der kausalen Handlungslehre[6] ist jedes von einem Willen getragene Tun tatbestandsmäßig. Bei der Ermittlung der Täterhandlung sind demnach ausschließlich Verhaltensweisen auszuscheiden, bei denen es sich um unbewußtes Tätigwerden, Reflexe o. ä. handelt. Eine Differenzierung, wie sie die Entscheidung der problematischen Sachverhalte voraussetzt, läßt sich auf dem Boden dieser Lehre nicht vornehmen.

bb) Die finale Handlungslehre

Die Finalisten[7] sind der Auffassung, bei der Rechtsfindung sei stets ein ontologischer Handlungsbegriff zu Grunde zu legen. Dieser habe zu berücksichtigen, daß die menschliche Handlung niemals planlos, sondern stets zweckbestimmt sei. Ein tatbestandsmäßiges Verhalten liegt nach der finalen Handlungslehre vor, wenn entweder einer der in § 823 I bezeichneten Erfolge bezweckt oder pflichtwidrig ein anderer als der gebotene Zweck verfolgt wird[8]. Für die Finalisten entfällt demnach die Unterscheidung zwischen der Tatbestands- und Rechtswidrigkeitsfeststellung[9]; die Täterhandlung ist notwendig eine rechtswidrige. Sofern also die einschlägigen Sachverhalte über die Ermittlung der Rechtswidrigkeit entschieden werden können, d. h. sofern sich das Unwerturteil zum dogmatischen Ort der Problemlösung eignet, ist für die Finalisten die Frage nach der Haftung für fremdes Tun eine solche des Täterverhaltens. Ob diese Voraussetzung zutrifft, sei unten dargestellt.

---

[5] Die für das Strafrecht entwickelten Handlungslehren sollen nicht in Betracht gezogen werden; vgl. dazu: Ernst Wolf, bes. 183 ff.

[6] Ausdrücklich vertritt die kausale Handlungslehre: Weitnauer, Aktuelle Fragen, 585 (r. Sp.). Vgl. zur Lehre ferner: Stoll, Unrechtstypen, 208; Wiethölter, 17 mN; Ernst Wolf, 182 f. mN; Sourlas, 102 ff. Auch Deutsch, Haftungsrecht I, 124, kann zu den Vertretern der kausalen Handlungslehre gezählt werden.

[7] Welzel, z. B. in: Strafrechtssystem, 31 ff., und Verkehrsdelikte, 15, 21; Niese, 457 ff. Auch v. Caemmerer, Wandlungen, 452 ff., und Stoll, Unrechtstypen, 203 ff., lehnen sich an die finale Handlungslehre an, da sie die Pflichtwidrigkeit — jedenfalls für die Mehrzahl der Fälle (vgl. dazu: B.I.2.b)) — als Bestandteil tatbestandsmäßigen Verhaltens ansehen. Vgl. zur finalen Handlungslehre ferner: Larenz, Rechtswidrigkeit, 176 ff.; Ernst Wolf, 187 ff.; Sourlas, 98 ff. und 106 ff.

[8] Letzteres ergibt sich daraus, daß unter § 823 I nicht nur Vorsatz-, sondern auch Fahrlässigkeitstaten fallen, vgl. dazu: Larenz, Rechtswidrigkeit, 179.

[9] Jedenfalls für Fahrlässigkeitstaten.

cc) Die Larenzsche Theorie[10]

Larenz meint, die Tat, von der die vertraglichen, deliktischen und sonstigen Haftpflichtbestimmungen ausgehen, setze sich aus der Willensbetätigung und dem durch sie bewirkten Erfolge zusammen[11]. Indessen sei nicht jede verursachte Rechts- oder Rechtsgüterverletzung als Bestandteil der Deliktstat anzusehen. Dem Verantwortungsbereich und damit der Täterhandlung seien nur solche Erfolge zuzurechnen, die vom Täterwillen beherrschbar seien[12]. Letzteres sei regelmäßig nicht der Fall, wenn die Verletzung inadäquat oder durch die nicht herausgeforderte Willensbetätigung eines Folgetäters herbeigeführt werde[13].

Man könnte nun meinen, daß Larenz mit dieser Konzeption die problematischen Sachverhalte umfassend auf der Ebene der Feststellung der Reichweite des iSd § 823 I tatbestandsmäßigen Verhaltens entscheidet. Dagegen ist aber zu berücksichtigen, daß Larenz zwischen § 823 I und § 823 II sowie anderen Deliktsnormen unterscheidet. Er glaubt, der Gesetzgeber habe mit der Vorschrift des § 823 I nur einen bestimmten Typus der Deliktstat erfassen wollen, und zwar nur „unmittelbare" Verletzungen[14]. Darunter versteht er ein Geschehen, bei dem nach der Verkehrsauffassung der Erfolg noch „im äußeren Vollzug" der Handlung liegt[15]. Da auf die Sachverhalte mit psychisch vermittelter Kausalität diese Definition wohl niemals paßt[16], kann sich demnach die Haftung für eine Folgetat auch nicht aus § 823 I ergeben[17]. Diese Vorschrift kann sich lediglich auf das Kausalmuster des Aufeinandertreffens mehrerer Geschehensabläufe beziehen. Derartige Strukturen vermag La-

---

[10] Larenz, z. B. in: Tatzurechnung, 1009 ff.; Rechtswidrigkeit, 169 ff.; Objektive Zurechnung, 79 ff. Vgl. zur Larenzschen Auffassung: Thalheim, 14 ff.; Friese, 90 ff.; Ernst Wolf, 202 ff.

[11] Larenz, Hegels Zurechnungslehre; 89; ders., Rechtswidrigkeit, 183 ff.; vgl. auch: Friese, 94.

[12] Larenz, Tatzurechnung, 1011.

[13] Zu den Wertungsmaßstäben vgl.: unten C.I.1. und 4. Vorliegend interessiert allein das dogmatische Konzept der Larenzschen Lehre.

[14] Larenz, Rechtswidrigkeit, 184 ff. (bes. 189). Nicht mehr so kraß: Larenz, Lehrbuch II, § 72 I c (463 ff.), wo er offenbar „unmittelbare Verletzungen" als die hauptsächlich durch § 823 I erfaßte Konstellation ansieht. Indessen ist er von seiner in Rechtswidrigkeit, aaO, dargelegten Auffassung nicht ausdrücklich abgerückt, vielmehr verweist er auf sie.

[15] Larenz, Rechtswidrigkeit, 187. Zur Abgrenzung schildert Larenz den Fall eines Selbstmörders, der sich unter einen Zug wirft. Dieses Verhalten liege nicht mehr „im äußeren Vollzug" der Handlung des Lokomotivführers. Vgl. dazu auch: Schmidt, 12 f.

[16] Ein fremdes Folgehandeln dürfte niemals „im äußeren Vollzug" der Ersttat liegen.

[17] Dementsprechend prüft Larenz (Tatzurechnung, 1010) hinsichtlich des Grünstreifen-Falles allein eine Haftung gem. § 823 II. Die Anwendung des § 823 I erscheint ihm offensichtlich abwegig.

I. Die Möglichkeiten zur dogmatischen Behandlung des Problems

renz auf dem bezeichneten dogmatischen Wege zu lösen[18]. Dagegen bedarf es einer Trennung zwischen den noch und nicht mehr gem. § 823 I zu verantwortenden Folgehandlungen seiner Auffassung nach nicht; denn für eine solche Abgrenzung ist der von ihm festgestellte Anwendungsbereich der Vorschrift zu eng[19].

Als eine Übertragung der Larenzschen Abgrenzungsmethode auf § 823 I stellt sich indessen die Auffassung Roth-Stielows[20] dar. Roth-Stielow geht nicht davon aus, daß diese Vorschrift nur „unmittelbare" Verletzungstaten erfaßt. Mithin ist er der Auffassung, es müsse sich aus § 823 I auch die Haftung für verursachtes Fremdhandeln ergeben können[21]. Die Abgrenzung der problematischen Sachverhalte nimmt er — entsprechend der dargestellten Konzeption — über eine Bestimmung der Reichweite des Täterverhaltens vor[22]. Wie Larenz läßt er die Beherrschbarkeit des Zweitentschlusses maßgeblich sein[23].

b) Lösungen auf der Ebene der Feststellung der „Verursachung"

Es wurde schon erwähnt, daß das Problem früher überwiegend als Kausalitätsproblem verstanden wurde[24]. Die Frage, ob der Verletzungserfolg als im Rechtssinne „verursacht" erscheint, wurde mit derjenigen nach der Verantwortlichkeit gleichgesetzt. Vorliegend sei dargestellt, welche Theorien zur Auslegung des Verursachungsbegriffes heute vertreten werden und ob sie die Möglichkeit zur Entscheidung der Problemfälle eröffnen.

aa) Die Äquivalenztheorie

Nach der Äquivalenztheorie[25] ist als verursacht jedes Geschehnis anzusehen, für das die Täterhandlung eine conditio sine qua non ist[26].

---

[18] Ein Beispiel ist der Selbstmörder-Fall, der dem Kausalmuster des Aufeinandertreffens mehrerer Geschehensabläufe zuzurechnen ist.
[19] Für die Fälle psychisch vermittelter Kausalität wendet Larenz sein Konzept auf andere Haftungsgründe als § 823 I an.
[20] Roth-Stielow, Tatbestandsmäßiges Verhalten, 893 ff.; ders., Reichweite, 180 ff.
[21] Vgl. etwa: ders., Reichweite, 180 f., wo nicht zwischen §§ 823 I und II unterschieden wird.
[22] Ders., Tatbestandsmäßiges Verhalten, 894 (l. Sp.): „Menschliches Verhalten dauert nicht fort in alle Ewigkeit. Es hat höchstens Fernwirkungen in die Zukunft, ist aber als Einzelverhalten irgendwo in der Gegenwart zu Ende."
[23] Ders., Reichweite, 180 (r. Sp.). „Menschliches Verhalten ... reicht ... immer so weit, wie der davon ausgehende Verhaltensimpuls gewirkt hat oder noch beeinflußbar wirkt."
[24] Vgl. oben A.II.2.
[25] Vgl. dazu statt vieler- Staudinger / Werner, vor § 249, Rdn. 25 mwN.
[26] Damit entfernt sich die Äquivalenztheorie von dem erkenntnistheoretischen Begriff der Ursächlichkeit, der auf John Stuart Mill zurückgeht und

Für diese Lehre entfällt die dogmatische Einstufung des Problems als ein solches der Kausalität. Sie vermag allein die problematischen von solchen — unproblematischen — Sachverhalten zu scheiden, in denen die Ersttat auf den Verletzungserfolg keinen Einfluß nimmt.

bb) *Die Adäquanztheorie (im ursprünglichen Sinn)*

Die Adäquanztheorie[27] ist als Kausalitätstheorie entwickelt worden[28]. Heute ist dieses Verständnis überwiegend aufgegeben[29]. Wer sie aber nach wie vor in dem Sinne begreift, den ihre Begründer ihr gegeben haben[30], entnimmt ihr die folgende Aussage: Als verursacht iSd § 823 I haben nur solche Erfolge zu gelten, die mit einem näher bezeichneten Ausmaß an Wahrscheinlichkeit erwartet werden konnten. Folgt man dieser Auslegung und wendet man den durch die Adäquanztheorie vermittelten Wertungsgesichtspunkt[31] auf die Problemfälle an, so lassen sich diese entscheiden, indem der Kausalzusammenhang zwischen der Ersttat und dem Verletzungserfolg ermittelt wird.

cc) *Die Auffassung Deutschs*
(Theorie von der Unterbrechung des Kausalzusammenhanges)

Die Theorie von der Unterbrechung des Kausalzusammenhanges wird in ihrer ursprünglichen Form nicht mehr vertreten. Hingegen läßt sich die Auffassung Deutschs[32] als eine moderne Variante dieser Lehre bezeichnen. Deutsch meint, eine psychisch vermittelte Kausalität lasse sich nicht „mit naturgesetzlicher Bestimmtheit"[33] verfolgen. Die Frage nach der conditio sine qua non vermittle nur das Ergebnis „unsicherer" Kausalität[34]. Zu prüfen sei, ob diese „unsichere" Kausalität „wertend begrenzt" werden könne[35]. — Das Konzept Deutschs unterscheidet

---

nach dem die Ursache stets die Gesamtheit aller Erfolgsbedingungen ist. Vgl. dazu: Friese, 12 mN.

[27] Vgl. dazu statt vieler: Staudinger / Werner, vor § 249, Rdn. 25.
[28] Vgl. etwa: die Darstellung bei Lindenmaier, 211 ff.; ferner: v. Caemmerer, Schutzbereich, 284 (l. Sp.); Friese, 18; Luer, 84 ff.; Sourlas, bes. 14 ff.
[29] Vgl. etwa: Lehmann, 184; Bydlinski, Schadensverursachung, 58 ff.; Thalheim, 19; Friese, 32; Hermann Lange, Schadensersatzpflicht, 281 (r. Sp.); Hübner, Schadenszurechnung, 60 ff. Vgl. zur Larenzschen Auffassung: oben B.I.1.cc).
[30] So: Werner, 284 (r. Sp.); Staudinger / Werner, vor § 249, Rdn. 25.
[31] Die Adäquanztheorie bietet also sowohl in dogmatischer als auch in sachlicher Hinsicht Lösungen an. Vorliegend interessiert nur die dogmatische Aussage. Zum Wertungsgesichtspunkt vgl.: C.I.1.
[32] Deutsch, Regreßverbot, 551 ff.; ders., Haftungsrecht I, 161 f.
[33] Ders., aaO, 552 (l. Sp.).
[34] Ders., aaO, 553 (r. Sp.).
[35] Ders., a.a.O.

I. Die Möglichkeiten zur dogmatischen Behandlung des Problems 35

sich von der alten Lehre demnach im Hinblick auf die Methode der Rechtsfindung. Das Verfahren soll kein deduktiv-begriffliches sein, wie es jener vorschwebte, es soll vielmehr normativen Charakter besitzen. Gleichwohl will Deutsch das Problem lösen, indem für bestimmte Fälle der Kausalzusammenhang zwischen Ersttat und Erfolg als „unterbrochen" — und damit als nicht vorliegend — betrachtet wird.

2. Lösungen auf der Ebene der Rechtswidrigkeitsfeststellung

Neben den bisher aufgezeigten Lösungen ist es denkbar, daß die Frage nach der Haftung des Ersten bei der Ermittlung der Rechtswidrigkeit seines Verhaltens beantwortet wird[36]. Die Aufgabe bestünde in einem solchen Fall darin, die Rechtswidrigkeit zu begrenzen. Es sei demzufolge untersucht, ob und wie die verschiedenen Lehren über die Bedeutung der Rechtswidrigkeitsfeststellung Ansätze für die bezeichnete dogmatische Erfassung des Problems bereithalten.

a) Die herkömmliche Lehre

Nach herkömmlicher Lehre[37] ist die Verwirklichung des Tatbestandes[38] des § 823 I rechtswidrig, sofern nicht ausnahmsweise ein Rechtfertigungsgrund eingreift. Danach handelt es sich bei § 823 I um einen „geschlossenen"[39] Tatbestand, bei dem die Verletzung eines der genannten Rechte oder Rechtsgüter die Rechtswidrigkeit „indiziert". Für diese Lehre entfällt die Rechtswidrigkeitsfeststellung als dogmatischer Ort zur Problemlösung. Hat sie nämlich nur die Bedeutung der Ermittlung des Nichtvorliegens besonderer Rechtfertigungsgründe, so läßt sich in ihrem Rahmen eine Unterscheidung der einschlägigen Sachverhalte nicht vornehmen.

---

[36] Für die Finalisten scheidet freilich die Lösung auf der — vom Tatbestand verschiedenen — Ebene der Rechtswidrigkeit aus (vgl. dazu: oben B.I.1.a) bb)).

[37] Sie wird etwa vertreten von: Lehmann, 188 ff.; Reinhardt, aaO; Joseph Georg Wolf, 32; Weitnauer, Aktuelle Fragen, 590 ff.; Staudinger / Werner, vor § 276, Rdn. 81 ff.; Palandt / Thomas, § 823, 7 A. Ebenso muß Larenz (Rechtswidrigkeit, 169 ff.) für den Bereich des § 823 I als Verfechter der herkömmlichen Lehre angesehen werden (vgl. dazu aber: B.II.4.b) Fußn. 101). Schließlich ist auch der BGH in der Entscheidung des Großen Senats vom 4. 3. 1957 (BGHZ 24, 28 f.) von ihrer Richtigkeit ausgegangen. Vgl. insgesamt: Larenz, Rechtswidrigkeit, 169 f.; Schmidt, 8 ff.; Sourlas, 129 ff.

[38] Deutsch, Haftungsrecht I, bes. 196 f., nimmt darüber hinaus eine „gefährdungsbezogene Rechtswidrigkeit" an: Nicht erst die Verwirklichung des Tatbestandes, d. h. die Rechts- oder Rechtsgüterverletzung, sondern schon die gefährliche Annäherung an ein geschütztes Objekt sei rechtswidrig.

[39] Vgl. Larenz, Rechtswidrigkeit, 171.

B. Die dogmatische Behandlung des Problems

b) Die neueren Lehren

Nach einer neueren Auffassung[40] soll § 823 I einen „offenen" Tatbestand enthalten. Wie etwa bei der Nötigung soll die Rechtswidrigkeit stets positiv festzustellen sein. Diese Meinung geht davon aus, daß die Qualifizierung eines Verhaltens als rechtswidrig immer ein Ge- oder Verbot enthält. Das Gesetz könne aber nicht abstrakt eine Rechts- oder Rechtsgüterverletzung verbieten — oder die Vermeidung einer solchen gebieten —, es könne vielmehr nur konkrete Sollensanforderungen stellen. Teilweise seien diese bereits kodifiziert — etwa hinsichtlich eines durchnormierten Lebensbereiches wie des Straßenverkehrs. Wo dies nicht geschehen sei, habe der Rechtsanwendende sie als Verhaltenspflichten zu ermitteln. Rechtswidrig iSd § 823 I seien demnach nur solche Rechts- oder Rechtsgüterverletzungen, die gleichzeitig einen Verstoß gegen die geschriebenen oder ungeschriebenen Verhaltenspflichten darstellten. Eine andere Meinung[41] vermittelt zwischen der herkömmlichen und der soeben bezeichneten Lehre. Sie hält an der Charakterisierung des § 823 I als „geschlossenem" Tatbestand für bestimmte Fallgruppen fest. Diese sollen aus „unmittelbaren" Eingriffen in sämtliche oder in bestimmte[42] Rechte oder Rechtsgüter bestehen. Hier überwiege das Interesse an der Integrität der beeinträchtigten Werte, so daß die Rechtswidrigkeit durch die Verletzung indiziert werde. Im übrigen aber — d. h. im Hinblick auf andere Sachverhalte — sei der Tatbestand des § 823 I als „offener" anzusehen[43]. Die Rechtswidrigkeit sei also von einem Verstoß gegen eine Verhaltenspflicht abhängig. — Da sich das vorliegend zu untersuchende Fallmaterial auch nicht teilweise mit den Konstellationen „unmittelbarer" Eingriffe deckt[44], kommt es im Rahmen dieser Untersuchung auf die Unterscheidung zwischen den beiden neueren Auffassungen nicht an. Beide verlangen hinsichtlich der Problemfälle eine positive Feststellung der Rechtswidrigkeit.

Unter den neueren Lehren wird ferner über das Wesen der Verhaltenspflichten gestritten. Teilweise wird angenommen, diese seien auf dem Weg über eine Konkretisierung der Pflicht zur verkehrserforder-

---

[40] Nipperdey, 1777 ff.; Niese, 457 ff.; Wiethölter, bes. 15 ff.; Münzberg, 348 f.; Jürgen Blomeyer, 146 ff.; Soergel / Zeuner § 823 Rdn. 6.

[41] v. Caemmerer, Wandlungen, 484 f.; Schmidt, 85 ff.; Stoll, Unrechtstypen, 203 ff.; Deutsch, Haftungsrecht I, 197; vgl. dazu: Münzberg, 331 ff.; Sourlas, 117 ff.

[42] Diese Einschränkung wird von Stoll, aaO, vorgenommen.

[43] So ausdrücklich: Schmidt, 67.

[44] So nennt v. Caemmerer, Wandlungen, 485, folgende Beispiele für „unmittelbare" Eingriffe: „Jemand verwendet versehentlich fremdes Material, verbraucht fremde Sachen oder veräußert fremde Waren, die er für sein Eigentum hält..."

I. Die Möglichkeiten zur dogmatischen Behandlung des Problems 37

lichen Sorgfalt iSd § 276 I 2 herauszufinden[45]. Das würde bedeuten, daß die Begriffe der Rechtswidrigkeit und der objektiven Fahrlässigkeit inhaltsgleich sind. Andere wiederum meinen, die Verhaltenspflichten seien sog. Verkehrspflichten, die nicht aus dem Fahrlässigkeitsbegriff abzuleiten seien[46]. Während jener trotz seiner im Zivilrecht objektivierten Fassung einen personenbezogenen Einschlag habe, d. h. zur Berücksichtigung der Perspektive des Täters oder seiner sozialen Gruppe zwinge, seien Verkehrspflichten streng objektiv zu ermitteln. Für ihre Existenz sei ausschließlich das Interesse der Rechtsordnung entscheidend[47].

Auf dem Boden der neueren Auffassungen könnten die Problemfälle umfassend bei der Feststellung der Rechtswidrigkeit zu entscheiden sein. Das Ermöglichen des durch die Zweittat mitbewirkten Verletzungserfolges könnte nur in bestimmten Fällen als Verletzung einer Verhaltenspflicht bezeichnet werden. Hinsichtlich der übrigen Sachverhalte könnte eine Haftungsfreistellung der Ersten damit begründet werden, daß dessen Handlung insoweit nicht als Verstoß gegen die verkehrserforderliche Sorgfalt bzw. eine Verkehrspflicht anzusehen ist[48]. Indessen setzt eine derartige Entscheidung der problematischen Sachverhalte voraus, daß Verhaltenspflichten nicht absolut, sondern relativ wirken, d. h. nur im Hinblick auf das Verhältnis zwischen dem Täter und dem Verletzten bestimmt werden können. Das sei am Grünstreifen-Fall veranschaulicht. Hier hat der Unfallverursacher gegen eine straßenverkehrsrechtliche Vorschrift verstoßen. Er hat eine Verhaltenspflicht verletzt und für die neueren Auffassungen rechtswidrig gehandelt. Diese Feststellung aber kann getroffen werden, ohne daß auf die Gefahr der Umfahrung der Unfallstelle durch nachfolgende Kraftfahrer Bezug genommen wird. Die Ersttat — d. h. die Herbeiführung des Unfalls — wäre auch pflichtwidrig, wenn eine Blockierung der Fahrbahn und eine Beschädigung des Grünstreifens ausgeschlossen wären. Auf die konkrete Gefahrentwicklung kann bei der Ermittlung der Rechtswidrigkeit nur eingegangen werden, wenn für die Existenz der Verhaltenspflicht ausschließlich die Beziehung des Ersten zum beein-

---

[45] Nipperdey, 1777 ff.; Niese, 457 ff.; Wiethölter, bes. 15 ff.; Schmidt, 75.
[46] Münzberg, 348 f.; Jürgen Blomeyer, 146 ff.; Soergel / Zeuner, § 823 Rdn. 6. Grundlegend zum Rechtsinstitut der Verkehrspflicht: v. Caemmerer, Wandlungen, 478 ff.
[47] Vgl. bes.: Soergel / Zeuner, aaO.
[48] Vgl. etwa: die Fragestellung bei Kollhosser, 512: „... die stete Verdichtung der sozialen Kontakte mag es erforderlich machen, den Verantwortungsbereich des Bürgers auszudehnen, und ihm weitergehende Verpflichtungen als früher dafür aufzuerlegen, daß er durch sein Verhalten keine Bedingungen schafft, die das deliktische (pflichtwidrige) Verhalten anderer Personen begünstigen." Auch Dunz, Fremde Unrechtshandlungen, 134 ff., löst die Problemfälle auf der Ebene der Rechtswidrigkeitsfeststellung.

trächtigten Rechts- oder Rechtsgüterinhaber entscheidend ist[49]. Dann wäre es möglich, von der Gefährdung anderer Verkehrsteilnehmer abzusehen und die Frage nach dem tatbestandsmäßigen Verhalten allein im Hinblick auf den drohenden Schaden am Grünstreifen zu beantworten. — Teilweise wird eine solche relative Wirkung der Verhaltenspflichten und damit der Rechtswidrigkeit angenommen[50, 51]. Die herrschende Meinung[52] aber lehnt sie ab. Sie geht von einer absoluten Wirkung des Rechtswidrigkeitsurteils aus. So soll der Verstoß gegen eine Verhaltenspflicht, die aus strafrechtlichen oder öffentlich-rechtlichen Gründen statuiert ist, auch im Zivilrecht rechtswidrig sein. Oder es soll eine Handlung, die im Hinblick auf die Gefährdung eines bestimmten Rechts- oder Rechtsgutträgers verboten ist, ebenso im Verhältnis zu weiteren Personen mißbilligt sein. Für die herrschende Meinung können demnach die neueren Auffassungen nur eine begrenzte Anzahl der problematischen Sachverhalte auf der Ebene der Rechtswidrigkeitsfeststellung entscheiden. Es handelt sich um Konstellationen, in denen die Ersttat praktisch nur wegen der mit ihr verbundenen Ermöglichung der Zweittat pflichtwidrig sein kann[53]. In derartigen Fällen kann die Ermittlung der Verhaltenspflicht auf die Gefahr der konkreten Zweittat Bezug nehmen. Im übrigen scheidet auch für die neueren Auffassungen eine Lösung des Problems mittels Bestimmung der Rechtswidrigkeit aus.

3. Lösungen auf der Ebene der Verschuldensfeststellung

Das Problem wird auch auf der Ebene der Verschuldensfeststellung gelöst[54]. Es soll darauf ankommen, ob der Erstverursacher im Hin-

---

[49] Vgl. Münzberg, 135.
[50] Vgl. ders., 14, Anm. 32 mN; vgl. auch: Deutsch, Haftungsrecht I, 207 f.
[51] Ein relatives Rechtswidrigkeitsverständnis liegt offensichtlich auch der Konzeption Martens, aaO, zu Grunde. Hinsichtlich der von ihm besprochenen Verfolgungsfälle fragt er: „Darf der Einzelne seine Selbstbegünstigung betreiben, ohne dadurch eine Pflichtwidrigkeit gegenüber seinem Verfolger zu begehen?" (744, l. Sp.).
[52] Vgl. Münzberg, 14, Anm. 32.
[53] Ein solcher Fall liegt z. B. dem Beschluß des OLG Schleswig vom 19. 2. 1954 (VersR 1954, 423) zu Grunde. Der Beklagte, ein Tierarzt, hatte der Klägerin zur Behandlung ihrer Katze eine giftige Flüssigkeit mit falscher Aufschrift gegeben und sie dabei angewiesen, das Mittel sofort zu verdünnen. Dies war nicht geschehen, vielmehr hatte die Klägerin das Mittel in ihrer Stube abgestellt. Einige Monate später hatte sie die Flasche mit Hustensaft verwechselt und ihrer Tochter einen Löffel der Flüssigkeit gegeben. Daran war die Tochter verstorben. — Das Verhalten des Tierarztes läßt sich als Pflichtverletzung nur begreifen, wenn man auf die Gefahr leichtsinniger Zweittaten — wie etwa der geschehenen — abstellt.
[54] Vgl. Kühlewein, 1582 (r. Sp.); Deutsch, Anmerkung I, 641 (r. Sp.); Huber, 680 (l. Sp.). Auch die Rspr. hat diesen Weg, der den geringsten dogmatischen

I. Die Möglichkeiten zur dogmatischen Behandlung des Problems

blick auf die fremde Willensbetätigung und den durch sie herbeigeführten Verletzungserfolg schuldhaft gehandelt hat. Dabei wird insbeondere die Fahrlässigkeit als Schuldform betrachtet, so daß die Mehrzahl der problematischen Sachverhalte über die Feststellung fahrlässigen Verhaltens zu entscheiden wäre.

4. Lösungen außerhalb der unter 1 - 3 bezeichneten Ebenen

Die bisher dargestellten Lösungsmöglichkeiten haben die Gemeinsamkeit, daß sie die Entscheidung des Fallmaterials über die Auslegung eines Gesetzesmerkmals herbeiführen wollen. Mit den nachstehenden Konzeptionen wird ein anderer Weg eingeschlagen.

a) Lösungen mittels der teleologischen Reduktion des § 823 I

Denkbar ist, daß das Problem über eine Rückbesinnung auf die ratio des § 823 I gelöst wird[55]. Auf diese Methode ist etwa derjenige angewiesen, der die Adäquanztheorie beibehalten will, sie aber weder aus dem Begriff des Täterverhaltens[56] noch der Kausalität[57] noch der Rechtswidrigkeit[58] ableitet. Er kann ihren Wertungsmaßstab nur mittels der teleologischen Reduktion des § 823 I einführen. Gleiches gilt für Stimmen, die die Lehre vom Schutzzweck der Norm[59] auf Sachverhalte anwenden, in denen es um die Haftung für einen Primärerfolg geht[60]. Ebenso ist in diesem Zusammenhang der Vorschlag Haberhausens[61] anzuführen. Er geht davon aus, daß das Postulat der Selbstbestimmung grundsätzlich eine Verantwortlichkeit für fremde Willensbetätigungen verbietet[62]. Da er diesen Gesichtspunkt weder aus einem Gesetzesmerkmal des § 823 I entwickelt noch unter ein solches einstuft, fragt auch er nach dem Sinn und Zweck der Vorschrift.

Aufwand erfordert, bisweilen beschritten; vgl. etwa: RG-Urt. v. 25. 1. 1937 (JW 1937, 1490 f.); Urt. des LG Bad Kreuznach v. 3. 2. 1961 (VersR 1961, 720); Urt. des OLG Köln v. 3. 11. 1965 (NJW 1966, 933 ff.).

[55] Vgl. zur Methode: Larenz, Methodenlehre, bes. 355 ff.
[56] Wie Larenz, vgl. oben B.I.1.a) cc).
[57] Wie ihre Begründer; vgl. oben B.I.1.b) bb).
[58] Wie eine neuere Auffassung; vgl. etwa: Lorenz, Anmerkung, 180; Münzberg, 144 ff.; Friese, 97 Anm. 1.
[59] Vgl. zur Lehre etwa: Staudinger / Werner, Vorbem. zu § 249 - 255 Rdn. 30; Fikentscher, § 49 III 3; Sourlas, bes. 19 ff. und 35 ff. — Die Normzwecktheorie soll hier nicht — wie vielfach üblich — mit der Theorie vom Rechtswidrigkeitszusammenhang gleichgesetzt werden. Nach der Normzwecktheorie ist der Schutzzweck der Norm, d. h. des § 823 I, nach der Theorie vom Rechtswidrigkeitszusammenhang der Schutzzweck der Verhaltenspflichten zu Ermitteln; vgl. dazu: die folgende Darstellung.
[60] So z. B.: Heuer, 161 ff., 174 ff.
[61] Habershausen, 1307 ff.
[62] Siehe dazu im einzelnen: unten C.I.7.

Die Fußnoten 63 - 68 sind entfallen.

b) Die Theorie vom Rechtswidrigkeitszusammenhang

Die Theorie vom Rechtswidrigkeitszusammenhang[69] geht von der Richtigkeit der neueren Auffassungen über die Bedeutung des Begriffes der Rechtswidrigkeit aus. Sie knüpft dort an, wo wegen der absoluten Wirkung der Verhaltenspflichten die problematischen Sachverhalte nicht umfassend auf der Ebene der Rechtswidrigkeitsfeststellung entschieden werden können. Die Lehre setzt voraus, daß die vom Täter verletzte Verhaltenspflicht zwar absolut wirkt, aber stets nur einen begrenzten Schutzzweck besitzt. Die Pflicht — so wird angenommen — wolle nicht jeden Verletzungserfolg verhindern, der aus ihrer Nichtbeachtung resultieren könne. Vielmehr könne ihre Analyse ergeben, daß der Verletzte durch sie nicht geschützt werden solle[70]. In solchen Fällen entfalle die Haftung des Täters. Dementsprechend läßt sich die Theorie vom Rechtswidrigkeitszusammenhang auch auf das einschlägige Fallmaterial anwenden[71]. Auf dem Boden der neueren Auffassungen zur Rechtswidrigkeit lassen sich die Problemfälle damit entweder bei der Feststellung der Verhaltenspflichtverletzung oder bei der Ausdeutung der Pflicht entscheiden. Letzteres müßte dann für den Grünstreifen-Fall gelten. So könnte eine Haftungsfreistellung des Unfallschuldigen damit begründet werden, daß die von diesem verletzte Verhaltenspflicht nicht auf die Verhinderung des fremden Tuns und damit die Beschädigung des Grünstreifens gerichtet ist[72].

II. Kritik an den dargestellten Möglichkeiten zur dogmatischen Behandlung des Problems

Vor der kritischen Überprüfung der beschriebenen Konzeptionen seien einige der benutzten Maßstäbe herausgestellt. Solche sind einmal der Wortlaut des Gesetzes und die Wertungen des Gesetzgebers[73]. Durch sie sind jedem dogmatischen Lösungsmodell Grenzen gesetzt. Des weiteren ist zu bedenken, daß die Rechtsfindung am Bewußtsein der

---

[69] Vgl. zur Lehre und ihrer Entwicklung etwa: Larenz, Lehrbuch I, § 27 III 2 (318 ff.) mN; Sourlas, 40 f.; Deutsch, Haftungsrecht I, 234 ff. Sie wird vertreten vor allem von: Hermann Lange, Gutachten, 38 ff.; ders., Schadensersatzpflicht, 280 ff.; Raiser, Adäquanztheorie, 63 f.; Bydlinski, Schadensverursachung, 63 f.; Arwed Blomeyer, § 32 III 3 (171); Esser, § 45 I (309 f.); v. Caemmerer, Schutzbereich, 286 (l. Sp.), und Stoll, Kausalzusammenhang, bes. 15 ff., sprechen von einem „Rechtswidrigkeits-Schuld-Zusammenhang".

[70] Hermann Lange, Gutachten, 45, hat den Satz geprägt, es gehe um eine „Analyse der hinter der Norm stehenden Pflicht".

[71] Rabel, einer der Väter der Lehre, war allerdings noch der Meinung, das Problem der „Unterbrechung des Kausalzusammenhanges" ließe sich mit ihrer Hilfe nicht lösen (ders., 508).

[72] So: Hermann Lange, Schadensersatzpflicht, 280 ff.

[73] Grundlegend dazu: Larenz, Methodenlehre, bes. 126 ff.

II. Kritik an den dargestellten Möglichkeiten   41

Rechtsgemeinschaft, d. h. an der Verkehrsauffassung, orientiert sein sollte[74]. Jedes dogmatische Lösungsmodell sollte es daher ermöglichen, die Verkehrsauffassung über die Reichweite der Haftung für fremdes Tun zu ermitteln und zu berücksichtigen. Wo diese fehlt oder nur schwach ausgeprägt ist, hat der Rechtsanwesende zumindest den Rechtswerten, Rechtsprinzipien und Interessen Rechnung zu tragen, die die Vorstellungen der Gemeinschaft grundlegend bestimmen.

1. Die Lösungen auf der Ebene der Tatbestandsfeststellung

a) Die Lösungen auf der Ebene der Feststellung des „Täterverhaltens"

aa) Die finale Handlungslehre

Die finale Handlungslehre ist bereits aus Gründen abzulehnen, die nicht aus der Betrachtung der problematischen Sachverhalte gewonnen sind. Sie mag in sich schlüssig und de lege ferenda zu berücksichtigen sein. Indessen läßt sie sich mit dem Wortlaut des § 823 I nicht vereinbaren[75]. Das Gesetz stellt die Begriffe der „Verletzung" und der „Rechtswidrigkeit" nebeneinander. Daraus folgt zwingend, daß ihnen eine unterschiedliche Bedeutung zuerkannt werden muß. Der Gesetzgeber hat von der Freiheit Gebrauch gemacht, einen anderen Handlungsbegriff als den der genannten Lehren zu verwenden[76].

bb) Die Larenzsche Theorie

Bei der Überprüfung der Auffassung Larenzs stellen sich zwei Fragen. Einmal bedarf der Untersuchung, ob — wie Larenz selbst meint — § 823 I nur Fälle „unmittelbarer" Verletzungen erfaßt. Falls dies nicht zutrifft, muß geklärt werden, ob das Larenzsche Konzept — etwa iS Roth-Stielows — bei der Anwendung des § 823 I überzeugt.

Larenz will für die „Unmittelbarkeit" einer Verletzung die Verkehrsauffassung maßgeblich sein lassen. Dann aber ist zu fordern, daß eine „unmittelbare" Verletzung von einem engen örtlichen und zeitlichen Zusammenhang zwischen der Willensbetätigung und dem durch sie bewirkten Erfolg abhängig ist. Denn nach keinen anderen als diesen äußerlichen Kriterien urteilt der Verkehr. Man stelle sich nun vor, daß ein Sohn seinen altersschwachen und im Straßenverkehr völlig hilflosen Vater bittet, über eine stark belebte Straße zu gehen und eine Zeitung zu kaufen. Wenn der Vater auf diesem Gang einen Unfall ver-

---

[74] Vgl. etwa: Dunz, Fremde Unrechtshandlungen, 136 (r. Sp.); Friese, 247.
[75] Ausdrücklich wird sie auch von Esser, 2. Auflage, § 52 3 b (187), abgelehnt.
[76] Dazu: Stoll, Unrechtstypen, 209.

ursacht, bei dem etwa ein Autofahrer zu Schaden kommt, so ist diese Verletzung sicher nicht unmittelbar auf die Bitte des Sohnes zurückzuführen. Dennoch halte ich den Sohn für schadensersatzpflichtig. Indem er seinen Vater über die Straße schickt, schafft er in einer zu mißbilligenden Weise eine Gefahr für diesen und andere Verkehrsteilnehmer. Der Sachverhalt wird später noch mehrfach besprochen[77]. Vorliegend interessiert, auf welche gesetzliche Vorschrift sich die Haftung des Sohnes gründet. Ist sie — entsprechend der Larenzschen These — nicht dem § 823 I zu entnehmen, so bleiben die §§ 823 II, 831 und 832. § 823 II entfällt mangels der Verletzung eines Schutzgesetzes. Bei § 831 dürfte es daran fehlen, daß es sich bei dem Vater nicht um einen Verrichtungsgehilfen iSd Vorschrift handelt[78]. Endlich ist ein Sohn auch nicht kraft Gesetzes zur Aufsicht über seinen Vater verpflichtet, wie es § 832 fordert[79]. Mithin wäre das Verhalten des Sohnes nicht unter die §§ 823 ff. zu subsumieren. Das aber wird dem Anspruch nicht gerecht, daß ein methodischer Lösungsvorschlag einen umfassenden Blick auf die Verkehrsauffassung über die Reichweite der Haftung für fremdes Tun eröffnen sollte. Die Beschränkung des § 823 I auf „unmittelbare" Verletzungen kann daher nicht akzeptiert werden[80].

Zu prüfen bleibt, ob die Sachverhalte — wie Roth-Stielow es vorschlägt — über eine Begrenzung der Reichweite des Täterverhaltens iSd § 823 I zu lösen sind. Larenz und Roth-Stielow kommen über eine rechtsphilosophische Betrachtung zu dem Ergebnis, der Tat seien nur beherrschbare Folgen zuzurechnen. Wer solchermaßen die Reichweite tatbestandsmäßigen Verhaltens begrenzt, ist m. E. gezwungen, an seiner Methode für jeden Fall festzuhalten. Es scheint mir unzulässig, das Merkmal der Täterhandlung für viele Sachverhalte nach dem Kriterium der Beherrschbarkeit auszulegen, für einige dagegen nicht. Die Bestimmung des Verhaltensbegriffes beansprucht Allgemeingültigkeit. Fraglich ist aber, ob sich jeder Fall über eine Abgrenzung nach der Beherrschbarkeit der Folge entscheiden läßt. Läßt etwa ein Jäger in einer Gaststätte sein Gewehr unbeaufsichtigt und richtet ein Unbefugter damit Schaden an[81], so ist der Waffenbesitzer haftpflichtig. Indessen läßt sich von der Beherrschbarkeit des Zweitverhaltens kaum sprechen.

---

[77] Etwa C.II.1.b) bb) (1) und C.II.4.a) aa) (2).

[78] Dafür ist ein Verhältnis der Abhängigkeit zu fordern, auf Grund dessen der Gehilfe den Weisungen des Geschäftsherrn unterliegt; vgl. Soergel / Zeuner, § 831, Rdn. 14 ff.

[79] Vgl. Soergel / Zeuner, § 832, Rdn. 12.

[80] Kritisch auch: Münzberg, 335 f. Ebenso schließt sich der BGH der Beschränkung nicht an, vgl. BGH-Urt. v. 13. 7. 1971 (NJW 1971, 1980 ff.), wo er die Haftung für eine Folgetat auf § 823 I stützt. Vgl. dazu: Martens, 740.

[81] Vgl. zu diesem Beispiel: Deutsch, Anmerkung I, 641; Dunz, Fremde Unrechtshandlungen, 136; Martens, 744 (r. Sp.). Siehe auch C.II.4.a) bb) (2) (c).

Man kann das Beispiel auch dahingehend variieren, daß der Unbefugte die Waffe auf den Jäger richtet. Daran wird deutlich, daß „Herr" des Geschehens ausschließlich der Zweitverursacher ist. Wird aber die Ersatzpflicht des Waffenbesitzers — zu Recht — auf § 823 I gestützt, steht damit fest, daß die Reichweite des tatbestandsmäßigen Verhaltens unabhängig von der Beherrschbarkeit der Folge abzustecken ist. Dieser Gesichtspunkt kann jedenfalls nicht über eine Auslegung des Handlungsbegriffes berücksichtigt werden. Roth-Stielow ist zu widersprechen.

cc) Die kausale Handlungslehre

Es bleibt allein die kausale Handlungslehre, die ein möglicherweise akzeptables Konzept für die Auslegung des Verhaltensbegriffes anbietet. Zu untersuchen ist, ob die Einwände gegen sie stichhaltig sind. Zuweilen wird ihr vorgeworfen, sie verkenne, daß das Gesetz keineswegs jede Willensbetätigung verbiete, die zu einem in § 823 I beschriebenen Verletzungserfolg führe[82]. Letzteres trifft zu, kann jedoch die kausale Handlungslehre nur erschüttern, wenn das Urteil der Rechtswidrigkeit Verbotscharakter hat und keinen Raum für eine die Tatbestandsmäßigkeit einschränkende Rechtsfindung bietet. Beides wird noch zu prüfen sein. Ein weiteres denkbares Gegenargument kann aber bereits an dieser Stelle verworfen werden. Es ist keineswegs schädlich, daß die kausale Handlungslehre der rechtlichen Bewertung zu viele Verhaltensweisen zuführt. Vielmehr scheint es sinnvoll, wenn sich der Rechtsanwendende darüber im klaren ist, daß etwa die Herstellung von Automobilen, Alkoholika oder Waffen zur Beeinträchtigung der deliktisch geschützten Rechte und Rechtsgüter führen kann. Zwar verpflichten diese Tätigkeiten nicht zur Haftung; mindestens über das Leugnen des Verschuldens läßt sich dieses Ergebnis erzielen. Indessen darf ihre Gefährlichkeit nicht verkannt werden. Die kausale Handlungslehre bietet dafür die Gewähr.

b) Die Lösungen auf der Ebene der Feststellung der Verursachung

aa) Die Adäquanztheorie (im ursprünglichen Sinn)

Für das Kausalmuster der psychisch vermittelten Kausalität würde der Adäquanztheorie im ursprünglichen Sinn die Grundlage entzogen, wenn — wie Haberhausen meint[83] — auf Reaktionen anderer Personen ohnehin der Verursachungsbegriff nicht paßt[84]. Es würde dann die Mög-

---

[82] Vgl. etwa: Stoll, Unrechtstypen, 208.
[83] Haberhausen, bes. 1309 (l. Sp.).
[84] Haberhausen meint, fremde Willensbetätigungen unterständigen dem

lichkeit entfallen, die Fälle dieses Kausalmusters danach zu unterscheiden, ob die fremde Willensbetätigung im Rechtssinne verursacht ist oder nicht. Haberhausen ist jedoch entgegenzuhalten, daß das Gesetz die Verursachung als Tatbestandsmerkmal auch dort fordert, wo eine Haftung für fremdes Tun in Frage steht. Der Geschäftsherr iSd § 831 sowie der Aufsichtspflichtige iSd § 832 sind für das Fremdverhalten nur verantwortlich, wenn ihre Pflichtverletzung für den Erfolg ursächlich ist, §§ 831 I 2 (2. Alt.), 832 I 2 (2. Alt.)[85]. De lege lata ist die Haberhausensche Annahme nicht akzeptabel. Mit seinem Einwand kann die Adäquanztheorie im ursprünglichen Sinne somit nicht abgelehnt werden[86].

Die Adäquanztheorie im ursprünglichen Sinne muß jedoch verworfen werden, wenn es Sachverhalte gibt, in denen auch das Bewirken einer inadäquaten Folge zur Haftung gem. § 823 I verpflichtet. Auch für eine Kausalitätstheorie muß nämlich gelten, was zur Handlungslehre festgestellt wurde: Die Auslegung des Tatbestandsbegriffes ist auf eine kategorische Beachtung angelegt. Wenn also wirklich zutreffen sollte, daß das Merkmal der Verursachung nach der Adäquanztheorie im ursprünglichen Sinne zu interpretieren ist, muß bei einem inadäquaten Kausalzusammenhang die Anwendbarkeit des § 823 I entfallen. Das aber ist nicht der Fall. So ist nicht daran zu zweifeln, daß das vorsätzliche Fördern eines unwahrscheinlichen Verletzungserfolges zu einer Haftung gem. § 823 I führt. Z. B. ist der mittelbare Täter ersatzpflichtig, wenn sich der Tatmittler wider jegliche Prognose nach seinem Plan verhält. Da es sich auch in diesem Fall um die Verantwortlichkeit für einen verursachten Erfolg handelt, ist die Adäquanztheorie im ursprünglichen Sinn fallenzulassen.

bb) *Die Auffassung Deutschs*

Wie festgestellt wurde, geht Deutsch einen anderen Weg als die Adäquanztheorie im ursprünglichen Sinne. Er hat keine Kausalitätsformel

---

Gesetz des freien Handelns. Dieses vernichte jede Kausalitätsfrage und konstituiere den Grundsatz der Selbstverantwortung. Eine psychisch vermittelte Kausalität gebe es nicht.

[85] Vgl. Mugdan, 410, wo darauf abgestellt wird, daß „der Beweis des Kausalzusammenhanges" bei § 832 dem Beschädigten obliegt. Hinsichtlich § 831: **Mugdan, 411.**

[86] Im übrigen kann die Adäquanztheorie im ursprünglichen Sinne auch nicht damit abgelehnt werden, sie sei bezüglich des haftungsbegründenden Kausalzusammenhanges überflüssig, weil das Verschulden (oder eine andere Haftungsvoraussetzung) das notwendige Korrektiv gegenüber dem weiten Tatbestand bilde (vgl. dazu etwa: BGH-Urt. v. 13. 7. 1971, JZ 1972, 56 f. mN). Wird nämlich mit Hilfe der Theorie der Verursachungsbegriff interpretiert, so ist sie jedesmal anzuwenden, wenn eine Verursachung festzustellen ist, mithin auch bei der Ermittlung des haftungsbegründenden Kausalzusammenhanges.

entwickelt, die er auf jeden Fall anwendet. Vielmehr betrachtet er den einzelnen Sachverhalt daraufhin, ob er die Kausalität „wertend begrenzen" kann. Ob dies ein zuläsiges Verfahren ist oder ob nicht vielmehr die Interpretation eines Tatbestandsmerkmales unabhängig vom jeweiligen Sachverhalt fest umrissen sein muß, mag dahinstehen. Jedenfalls ist seine Auffassung nicht haltbar, wenn die problematischen Sachverhalte nach Gesichtspunkten zu entscheiden sind, die völlig außerhalb von Kausalitätserwägungen liegen. Zur Überprüfung dieser Frage sei der Jäger-Fall in folgendem Sinne abgewandelt: Ein Gast beschwert sich beim Wirt über die Sorglosigkeit des Jägers, der die Waffe unbeaufsichtigt läßt. Das hört ein anderer Gast. Er wird auf das Gewehr aufmerksam, ergreift es und fordert mit vorgehaltener Waffe den Wirt zur Herausgabe des Kassengeldes auf. Als sich dieser weigert, wird er angeschossen. — Für dieses Geschehnis ist der Jäger (mit-)verantwortlich. Er haftet gem. § 823 I. Dagegen trifft den Gast, der auf das Gewehr aufmerksam gemacht hat, keine Ersatzpflicht. Beide haben aber gleichermaßen das Geschehen verursacht. Die Verursachung ist aus der Sicht des Gastes nicht „unsicherer" als aus der des Waffenbesitzers. Der Gesichtspunkt, der die unterschiedliche Entscheidung trägt, liegt in der Beziehung beider zur Waffe[87]. Der Jäger ist ihr Besitzer und als solcher der Sachwalter eines gefährlichen Gegenstandes, der Gast nicht. Dieser Topos liegt völlig außerhalb von Kausalitätserwägungen. Die Methode der Begrenzung der Kausalität führt auf ein falsches Gleis. Somit ist die Auffassung Deutschs abzulehnen.

cc) *Die Äquivalenztheorie*

Für die Interpretation des Verursachungsbegriffes bleibt die Äquivalenztheorie. Es fragt sich aber, ob nicht doch der Einwand Deutschs zutrifft, ihre conditio-sine-qua-non-Formel liefere beim Fallmuster der psychisch vermittelten Kausalität nur das Ergebnis „unsicherer" Verursachung. — Deutsch ist zuzugeben, daß diese Kausalitätsform anderen gegenüber eine Besonderheit aufweist. Selbst bei Kenntnis möglicher Zweitverursacher und ihrer Motivlage läßt sich im Zeitpunkt der Täterhandlung niemals sagen, die fremde Willensbetätigung werde mit Sicherheit erfolgen. Die Spontaneität des menschlichen Willens kann sämtliche Vorausberechnungen über den Haufen werfen[88]. Insofern unterscheiden sich diese Fälle von anderen, in denen der Kausalnexus ausschließlich durch Naturgesetzmäßigkeiten beeinflußt wird und demzufolge berechnet werden kann. Dieser Unterschied ist aber für die Feststellung der Verursachung nach der Äquivalenztheorie un-

---

[87] Vgl. dazu C.II.4.a) bb) (2) (c).
[88] Sofern man freilich nicht jedwedes Verhalten als determiniert ansieht. Zur Frage der Willensfreiheit: Henkel, 3 ff.

erheblich. Sie will nicht herausfinden, ob der Erfolg im Zeitpunkt der Tat mit Sicherheit erwartet werden konnte; vielmehr will sie ermitteln, ob er auf Grund des Täterverhaltens eingetreten ist[89]. Eine solche Feststellung kann für sämtliche Problemfälle mit Sicherheit getroffen werden. So ist es im Grünstreifen-Fall nicht sicher — wenngleich in hohem Maße wahrscheinlich —, daß der Grünstreifen von anderen Autofahrern überfahren wird. Geschieht dies aber, so läßt sich mit Bestimmtheit sagen, daß das Verhalten der Folgetäter auf die Straßenblockierung zurückzuführen ist. Gleiches gilt für den Jäger-Fall. Die Bedenken Deutschs gegenüber der Äquivalenztheorie sind nicht gerechtfertigt[90]. Sie ist ohne Einschränkung auf das Fallmaterial anwendbar[91].

2. Die Lösungen auf der Ebene der Rechtswidrigkeitsfeststellung

Auf dem Boden der neueren Auffassungen über die Bedeutung der Rechtswidrigkeit kann die Feststellung des rechtswidrigen Täterverhaltens eine umfassende Lösung der Problemfälle nur ermöglichen, wenn die Verhaltenspflichten — und damit das Urteil über die Rechtswidrigkeit — relativ wirken. Eine Klärung dieser Frage würde bedingen, daß die Konsequenzen geschildert werden, die eine ihrer Natur nach relative Rechtswidrigkeit für sämtliche Rechtsbereiche hat. Das aber kann im Rahmen der vorliegenden Untersuchung nicht geschehen. Es soll — ausnahmsweise ohne weitere Prüfung — von der Richtigkeit der herrschenden Meinung ausgegangen und ein absolut wirkendes Rechtswidrigkeitsurteil unterstellt werden. Damit lassen sich jedenfalls nicht sämtliche problematischen Sachverhalte auf der Ebene der Rechtswidrigkeitsfeststellung entscheiden. Ob an dieser Stelle zumindest einige Fälle zu lösen sind, sei im Rahmen der Erörterung der Theorie vom Rechtswidrigkeitszusammenhang mitbehandelt[92].

---

[89] Dies ist der Wertinhalt der Äquivalenztheorie; vgl. Bydlinski, Schadensverursachung, 10. Im Gegensatz zur Auffassung Haberhausens, 1308 (r. Sp.), ist die Theorie also nicht wertneutral.

[90] Noch weniger überzeugt die nachstehende Kritik Haberhausens, 1308 r. Sp.): Der Äquivalenztheorie liege ein „wertneutrales naturwissenschaftliches bzw. philosophisches" Verständnis zu Grunde. Ihre Konsequenzen (d. h. die Ermittlung zu vieler tatbestandsmäßiger Bedingungen) seien durch Wertungen nicht einzudämmen. — Zum einen ist die Theorie nicht wertneutral (vgl. oben Fußn. 89), zum anderen leuchtet nicht ein, warum etwa unter erkenntnistheoretisch erfaßten Phänomena nicht selektiv gewertet werden kann.

[91] Vgl. auch: Bydlinski, Schadensverursachung, 7; Lorenz, 179 (r. Sp.); Rother, Adäquanztheorie, 178. Ebenso verwendet der BGH die Äquivalenztheorie; vgl. BGH-Urt. v. 13. 7. 1971 (NJW 1971, 1980 ff.).

[92] Vgl. dazu B.II.4.

3. Die Lösungen auf der Ebene der Verschuldensfeststellung

Wer die Problemfälle auf der Ebene der Verschuldensfeststellung entscheidet, verkennt, daß im Deliktsrecht zwischen objektiver und subjektiver Zurechnung zu trennen ist[93]. Die erstere befaßt sich damit, ob der Erfolg dem Handelnden unter Berücksichtigung des Gesamtinteresses der Rechtsordnung zuzurechnen ist. Dagegen hebt die letztere darauf ab, ob dem Täter sein Handeln aus seinem Blickwinkel vorzuwerfen ist[94]. Die Frage der Haftung für fremde Willensbetätigungen muß vorliegend objektiv beantwortet werden. Die Reichweite der Verantwortlichkeit des Einzelnen ist unabhängig von der jeweiligen Täterperspekive abzustecken. Mithin scheidet die Ermittlung des Verschuldens als dogmatischer Ort zur Abgrenzung der einschlägigen Sachverhalte aus.

4. Die Lösungen außerhalb der unter 1 - 3 bezeichneten Ebenen

a) Die Lösungen mittels der teleologischen Reduktion des § 823 I

Die teleologische Reduktion der Norm kann erst Anwendung finden, wenn nicht bereits die restriktive Auslegung eines Gesetzesmerkmales zum Ziel führt[95]. Um diese Methode aber bemüht sich die Theorie vom Rechtswidrigkeitszusammenhang. Zwar will sie die Problemfälle nicht auf der Ebene der Rechtswidrigkeitsfeststellung entscheiden, sie bemüht sich aber um die Analyse der Verhaltenspflichten, damit also der Rechtswidrigkeit. Falls die Prämissen der Lehre zutreffen, gebührt ihrem Verfahren demzufolge der Vorrang vor der teleologischen Reduktion der Norm.

b) Die Theorie vom Rechtswidrigkeitszusammenhang

Die Auseinandersetzung mit der Theorie vom Rechtswidrigkeitszusammenhang macht eine Stellungnahme zum Streit über die Bedeutung der Rechtswidrigkeit erforderlich. Die Theorie setzt voraus, daß die neueren Auffassungen zutreffen. Ferner müssen die Verhaltenspflichten, deren Nichtbefolgung das Rechtswidrigkeitsurteil nach sich zieht, einen begrenzten Schutzweck besitzen. Andernfalls kann über deren Analyse keine Haftungsfreistellung des Erstverursachers erreicht werden.

Bei der Überprüfung der zur Bedeutung der Rechtswidrigkeit vertretenen Lehren ist vorrangig die Frage zu beantworten, ob die deliktische

---

[93] Dazu grundlegend: Larenz, Hegels Zurechnungslehre; ferner: v. Caemmerer, Wandlungen, 542 ff. (bes. 545); Reinhardt, 714 (l. Sp.); Deutsch, Zurechnung, 34 ff.

[94] Vgl. dazu Soergel / Zeuner, § 823 Rdn. 6.

[95] In einem solchen Fall fehlt es an einer „Regelungslücke"; vgl. Larenz, Methodenlehre, 355 ff.

Verantwortlichkeit überhaupt auf einem Pflichtverstoß beruht. Ist das nicht der Fall, müssen die neueren Auffassungen abgelehnt werden. Es fehlt dann an der für sie notwendigen Prämisse. Es ist daher auf die Lehren von der Bewertungs-[96] und der Bestimmungsnorm[97] einzugehen. Nach ersterer erschöpft sich die Bedeutung des Rechtswidrigkeitsurteils in der Mißbilligung der Verletzung durch die Rechtsgemeinschaft, nach letzterer geht mit dem Unwerturteil stets auch die Statuierung einer Pflicht einher. Der Lehre von der Bestimmungsnorm ist zuzustimmen[98]. Das ergibt sich schon daraus, daß die Deliktsvorschriften eine Verschuldenshaftung normieren. Das Verschulden bezieht sich begriffsnotwendig auf einen Pflichtverstoß[99]. Es kommt hinzu, daß den §§ 823 ff. zu Recht ein präventiver Zweck beigemessen wird[100]. Dieser macht es zwar nicht erforderlich, den Vorschriften bestimmenden Charakter zuzuerkennen; auch eine drohende Schadensersatzforderung schreckt ab. Indessen läßt sich der Schutzzweck nachhaltiger durch die Statuierung von Verhaltenspflichten erfüllen. Ist demgemäß der Vorschrift des § 823 I eine Pflichtstellung zu entnehmen, so fragt sich, wie diese beschaffen ist. Berücksichtigt man, daß nach den obigen Feststellungen jede Herbeiführung eines Verletzungserfolges tatbestandsmäßig ist, bleibt für die herkömmliche Lehre nur die folgende Möglichkeit: Wenn kein Rechtfertigungsgrund eingreift, ist der Einzelne gehalten, niemals ein in § 823 I genanntes Recht oder Rechtsgut zu beeinträchtigen[101]. Gegen eine solch weitgehende Pflicht läßt sich aber zweierlei einwenden. Zum einen wird sie dem Anspruch nicht gerecht, daß eine Sollensanforderung stets über einen hinreichenden Grad von Bestimmtheit verfügen sollte[102]. Zum anderen — und diesen Einwand halte ich für zwingend — entspricht sie keineswegs den Wertungen der Verkehrsauffassung[103]. Der Automobilfabrikant, der Hersteller von Schußwaffen oder die Spirituosenfirma handeln erlaubt, obgleich sie in großer Zahl Verletzungserfolge iSd § 823 I fördern[104]. Man muß freilich

---

[96] Vgl. Münzberg, 8, Anm. 17; Schmidt, 59, jeweils mN.
[97] Vgl. die Vorgenannten.
[98] Vgl. Heuer, 96 ff.; Münzberg, 8 ff.; Schmidt, 59 ff.
[99] Zu Recht bemerkt Münzberg, 12, daß „der Schuldgedanke die Existenz der Pflicht bereits voraussetzt".
[100] Vgl. dazu unten C.II.1.a) aa).
[101] Sofern nicht — wie es Larenz (Rechtswidrigkeit, 181 ff.) vorschlägt — zwischen der Rechts- und der Gebotswidrigkeit getrennt wird. Dies aber setzt ein Bekenntnis zur Lehre von der Bewertungsnorm voraus (vgl. Larenz, aaO, 182), die oben bereits abgelehnt wurde.
[102] Vgl. dazu v. Caemmerer, Wandlungen, 551 f.; Lorenz, 436; Bydlinski, Schadensverursachung.
[103] Vgl. Nipperdey, 1778; Deutsch, Gefahr, 896 f.
[104] Vgl. zu derartigen Fällen etwa v. Caemmerer, aaO, 485 f.; Stoll, Unrechstypen, 208; Rother, Haftungsbeschränkung, 27; ders., Gefährdung, 259 f.; Friese, 48 f.; Sourlas, 132 f.

II. Kritik an den dargestellten Möglichkeiten

nicht auf diese viel genannten Beispiele schauen, um die Unhaltbarkeit einer so weitgehenden Pflicht aufzuzeigen. Der Gast im Jäger-Fall setzt eine Ursache für die Fremdtat und damit die Rechtsgutbeeinträchtigung. Gleichwohl ist der Hinweis auf ein sorglos abgestelltes Gewehr nicht verboten. Solche und viele andere Sachverhalte, die zuweilen unter Hinweis auf die „Sozialadäquanz"[105] des Täterverhaltens entschieden werden, widerlegen die herkömmliche Lehre. Den neueren Auffassungen ist daher zuzustimmen[106]. Die Rechtswidrigkeit ist positiv festzustellen und setzt den Verstoß gegen eine Verhaltenspflicht voraus[107].

Die weitere Frage ist die nach dem begrenzten Schutzzweck der Verhaltenspflichten. Auch diese Prämisse der Theorie vom Rechtswidrigkeitszusammenhang trifft zu. Das läßt sich bereits an wenigen Beispielen veranschaulichen. Man stelle sich vor, ein Spirituosenfabrikant stellt ein Getränk her und verletzt dabei die Vorschriften gegen den unlauteren Wettbewerb. Sicherlich verstößt er gegen eine Verhaltenspflicht. Diese aber bezweckt lediglich den Schutz der Konkurrenz. Keineswegs soll sie verhindern, daß sich ein Käufer des Getränks in einen alkoholisierten Zustand versetzt und dabei ein Delikt verübt. Mit der Gefahr eines solchen Folgegeschehens läßt sich die Verhaltenspflicht nicht begründen. Oder: Der Jäger-Fall sei dahingehend erweitert, daß der durch den Schuß verletzte Wirt ins Krankenhaus transportiert wird. Ein Freund will ihn noch am gleichen Abend besuchen und verunglückt auf der Hinfahrt mit seinem Wagen. Auch dieser Unfall ist auf die Nachlässigkeit des Jägers zurückzuführen. Gleichwohl bezweckt die Sorgfaltspflicht des Waffenbesitzers nicht, derartige Folgeentwicklungen abzuwenden. Eine Waffe ist allein deshalb zu sichern, weil mit ihr Schaden angerichtet werden kann, nicht aber, um derart entfernt liegenden Geschehnissen entgegenzuwirken. Die Reihe solcher Sachverhalte ließe sich beliebig fortsetzen. An ihnen wird erkennbar, daß die deliktischen Verhaltenspflichten in ihrer Struktur den Schutzgesetzen des § 823 II entsprechen[108]. Wie diese ziehen sie ihre Berechtigung nur

---

[105] Dieser — von Welzel für das Strafrecht geprägte — Begriff wird von Nipperdey, 1777 f., für das Zivilrecht übernommen; vgl. Lehmann, 189; ferner: Thalheim, 90 ff.; Schmidt, 20 f.
[106] Wie oben erwähnt, ist vorliegend eine Stellungnahme zum Streit über die Reichweite der Aussage nicht erforderlich. Vgl. dazu Münzberg, 331 ff.
[107] Es ergibt sich kein Unterschied daraus, daß die Verhaltenspflichten teilweise kodifiziert sind, teilweise aber erst vom Rechtsfindenden zu ermitteln sind; vgl. Nökel, 104 ff.
[108] Vgl. v. Caemmerer, Wandlungen, 484; Stoll, Unrechtstypen, 229; ders., Kausalzusammenhang, 17; Hermann Lange, Gutachten, 44 f.; Heuer, 95 ff.; Friese, 46; Hanau, 94 f. Dagegen überzeugt es nicht, wenn Deutsch, Begrenzung, aaO, zwischen der Pflicht zur Vermeidung von konkreten und abstrakten Gefahren trennt und erstere allein aus § 823 I, letztere allein aus § 823 II

aus der Möglichkeit bestimmter Erfolge, nicht aber einer jeden denkbaren Rechts- oder Rechtsgutbeeinträchtigung[109]. Es erscheint dabei müßig, den Schutzzweck nach den zu schützenden Personen und Objekten bzw. nach der Art und Weise des unerwünschten Kausalablaufes zu bestimmen[110]. In einer exakten Beschreibung des Verletzungserfolges finden sich sämtliche drei Komponenten wieder.

Die Theorie vom Rechtswidrigkeitszusammenhang basiert demnach auf einer richtigen Annahme hinsichtlich der Bedeutung des Rechtswidrigkeitsurteils und des Wesens der Verhaltenspflichten. Da die Lehre ferner gesetzestreu ist und eine umfassende Berücksichtigung der Verkehrsauffassung ermöglicht, da mithin sonstige Einwände gegen sie nicht zu erheben sind, ist sie auch auf das einschlägige Fallmaterial anzuwenden. Daraus ergibt sich: Für Sachverhalte, in denen die Ersttat ausschließlich wegen der Gefahr der Zweittat pflichtwidrig sein kann, bringt bereits die Feststellung der Verhaltenspflicht die Lösung. Für die übrigen Fallgestaltungen stellt sich die Frage, ob die vom Ersten verletzte Pflicht auch die Abwendung des durch den Zweiten mitbewirkten Verletzungserfolges bezweckt.

Der Vollständigkeit halber sei schließlich noch geklärt, ob die aus § 823 I resultierenden Verhaltenspflichten aus dem Fahrlässigkeitsbegriff abzuleiten sind oder ob es sich bei ihnen um Verkehrspflichten iSd oben bezeichneten Auffassung handelt. Mir erscheint die letztere Möglichkeit als die allein akzeptable. Das Gesetz stellt die Begriffe „Fahrlässigkeit" und „Rechtswidrigkeit" nebeneinander. Mithin können beide nicht gleich auszulegen sein[111]. Vielmehr besteht ein Unterschied zwischen den deliktischen Verhaltenspflichten und der Pflicht zur verkehrserforderlichen Sorgfalt iSd § 276 I 2, der wie folgt zu veranschaulichen ist[112]. Das Herstellen eines gesundheitsschädigenden Medikamentes ist auf Grund der verheerenden Folgen auch dann rechtswidrig, d. h. eine Verhaltenspflichtverletzung, wenn für den Hersteller

---

entnehmen will. Die aus § 823 I resultierenden Verhaltenspflichten haben — ebenso wie die Schutzgesetze des § 823 II — den Zweck, im vorhinein bestimmbare, d. h. abstrakte, Gefahrenentwicklungen zu vermeiden.

[109] Vgl. Friese, 35, der darauf hinweist, daß keine Pflicht einen Totalschutz garantiert.

[110] So wird gewöhnlich bei der Anwendung des § 823 II verfahren; vgl. etwa Hermann Lange, Gutachten, 38 ff.; Joseph Georg Wolf, 16 ff.; Sourlas, 42 ff.

[111] So auch Larenz, Lehrbuch I, § 19 IV (226); Jürgen Blomeyer, 146 ff. Der Versuch Schmidts, 88, diesen Einwand beiseite zu räumen, überzeugt mich nicht.

[112] Larenz, Rechtswidrigkeit, 190 f. (unter Verweis auf ein bei Staudinger / Werner, § 276, Rdn. 14 ff., gebrachtes Beispiel); ähnlich auch: v. Caemmerer, Wandlungen, 547; Zeuner, 43.

auf Grund der ihm vorliegenden Erkenntnisse die Gefahren nicht erkennbar sind, er mithin nicht fahrlässig iSd § 276 I 2 handelt. — Das einschlägige Problem ist demzufolge auf dem Wege über die Ermittlung oder die Analyse von Verkehrspflichten zu lösen.

C. Die Entscheidungskriterien

I. Die bisher entwickelten Lösungskonzeptionen[1]
Darstellung und kritische Betrachtung

Die zur Entscheidung des Fallmaterials entwickelten Kriterien sind weitgehend auf der Basis eines dogmatischen Verständnisses entwickelt worden, das sich von dem der vorliegenden Arbeit unterscheidet. Das allein ist jedoch kein Grund für ihre Ablehnung. Es besteht die Möglichkeit, jeden überzeugenden Abgrenzungsmaßstab für die Feststellung oder Ausdeutung von Verkehrspflichten zu verwenden. Wenn etwa der durch die Adäquanztheorie vermittelte Gesichtspunkt, die Wahrscheinlichkeit des Verletzungserfolges, zur Lösung des Problems ausreicht, so kann er ohne weiteres übernommen werden. Es wäre dann jedwedes Fördern einer wahrscheinlichen Zweittat rechtswidrig[2].

1. Adäquanztheorie

Nach der Adäquanztheorie im ursprünglichen Sinne verursacht der Täter den Erfolg und hat ihn demgemäß zu verantworten, wenn seine Handlung „generell begünstigender Umstand eines Erfolges von der Art des eingetretenen ist, d. h. wenn sie die objektive Möglichkeit eines Erfolges von der Art des eingetretenen in nicht unerheblicher Weise

---

[1] Es sollen im folgenden nur solche Konzeptionen betrachtet werden, die sich auf das gesamte Fallmaterial oder zumindest auf eine der oben (A.II.1.a), beschriebenen Kausalkonstellationen beziehen. Lösungsvorschläge, die ausschließlich eine Gruppe bestimmter Sachverhalte, etwa die Nothilfe- oder Verfolgungsfälle oder das Problem des Handelns auf eigene Gefahr betreffen, werden bei der Behandlung der jeweiligen Fallkonstellationen berücksichtigt.

[2] Aus der vorliegend vertretenen dogmatischen Konzeption folgt zwingend die Unhaltbarkeit derjenigen Auffassung, die die Adäquanztheorie und die Theorie vom Rechtswidrigkeitszusammenhang nebeneinander und gleichrangig zur Haftungsfreistellung verwenden wollen (so etwa: Esser, Lehrbuch I, § 45 I (310); Bydlinski, Schadensverursachung, 64; Raiser, Adäquanztheorie, 462 ff.; Weitnauer, Kausalzusammenhang, 343 f.; Deutsch, Haftungsrecht I, 152). Beide setzen auf verschiedenen Ebenen an. Die Theorie vom Rechtswidrigkeitszusammenhang vermittelt kein sachliches Kriterium, sondern bietet lediglich die rechtstechnische Möglichkeit zur Haftungsfreistellung an. Die Adäquanztheorie hält dagegen allein einen Gesichtspunkt für die Feststellung oder Ausdeutung von Verkehrspflichten bereit, ist also ein Hilfsmittel zur Ermittlung des Rechtswidrigkeitszusammenhanges.

I. Die bisher entwickelten Lösungskonzeptionen

erhöht"[3]. Das Urteil soll dabei aus der Sicht eines optimalen Beobachters im Zeitpunkt der Täterhandlung zu fällen sein[4]. — Heute wird die Adäquanztheorie zunehmend in modifizierter Form verwendet. Es soll darauf ankommen, ob der Verletzungserfolg zu den typischen Folgeereignissen der Täterhandlung gehört[5]. Teilweise wird ferner vertreten, nicht die Sicht eines optimalen, sondern eines durchschnittlich befähigten Beobachters sei dafür ausschlaggebend[6]. Beides ist begründet. Durch den Verzicht auf die begriffsjuristische Fassung und die Änderung der Perspektive wird es ermöglicht, die Wertung der Theorie[7] besser zu erfassen und bei der Rechtsfindung zu berücksichtigen. Diese trägt dem Umstand Rechnung, daß der Einzelne nicht sämtliche Folgen seines Handelns bedenken und sein Verhalten nach ihnen ausrichten kann. Es soll ihm nicht vorzuwerfen sein, wenn er sich ausschließlich von der Möglichkeit gewöhnlicher Entwicklungen leiten läßt.

Es fragt sich, ob das Fallmaterial mit Hilfe der Adäquanztheorie neuerer Gestalt, d. h. mit Hilfe des Gesichtspunktes der Typizität der Fremdtat, zu entscheiden ist. Das sei vorliegend nur im Hinblick darauf beantwortet, ob der Lösungsmaßstab auf sämtliche Sachverhalte paßt. Auf seine teilweise Brauchbarkeit wird im Rahmen der Herausarbeitung des eigenen Konzepts einzugehen sein. Es ist zunächst zu fordern, daß der Erstverursacher in jedem Fall von der Haftung für eine atypische Fremdtat freizustellen ist. Schon dies trifft nicht zu. So hatte der BGH am 15. 12. 1970[8] über einen Sachverhalt zu entscheiden, bei dem es ein Autofahrer versäumt hatte, das Lenkradschloß seines abgestellten Wagens einrasten zu lassen. Das Fahrzeug war daraufhin von einem angetrunkenen Schlossergesellen aufgebrochen und zu einer Fahrt benutzt worden. Bei einer Polizeikontrolle hatte der Geselle einen Beamten mit Hilfe des Wagens vorsätzlich verletzt. — Zu Recht dehnte der BGH die deliktische Haftung des Fahrzeugbesitzers auch auf dieses Geschehen aus[9]. Indessen läßt sich nicht sagen, daß die Benutzung eines PKW als Instrument für eine vorsätzliche Körperverletzung eine ty-

---

[3] Traeger, 159. Eine negative Formulierung findet sich bei Enneccerus / Lehmann, § 15 III 2 (55): Eine Ursache ist inadäquat, wenn sie „ihrer allgemeinen Natur nach für die Entstehung des Schadens ganz gleichgültig" ist und nur „infolge anderer außergewöhnlicher Umstände zu einer Bedingung des Schadens wurde".
[4] Vgl. Staudinger / Werner, vor §§ 249 - 255, Rdn. 27.
[5] Rabel, 490; Titze, 40; Stoll, Wagon Mound, 396; Rother, Adäquanztheorie, 177; Thalheim, 47 ff.; Friese, 97 Anm. 1.
[6] Larenz, Objektive Zurechnung, 82; Deutsch, Gefahr, 890 ff.
[7] Dazu etwa: Hermann Lange, Gutachten, 11; Bydlinski, Schadensverursachung, 60; Larenz, aaO, 85.
[8] NJW 1971, 459 ff.
[9] BGH, aaO, 461 (l. Sp.).

pische Folge der Nachlässigkeit des Autofahrers ist. Beansprucht demnach schon die negative Abgrenzung der Adäquanztheorie keine kategorische Beachtung, so trifft dies um so weniger auf die positive Aussage zu. Keinesfalls ist die Förderung einer typischen Zweittat ohne weiteres als Verkehrspflichtverletzung zu bewerten. Es wurde bereits darauf hingewiesen, daß etwa die Herstellung von Schußwaffen ohne Rücksicht auf die typischen Gefahren erlaubt ist[10]. Zahlreiche Verhaltensweisen sind rechtmäßig, obgleich sie in der Regel zu fremden Verletzungshandlungen führen. Andernfalls müßte jedwedes Autofahren verboten sein; denn auch der sorgfältige Fahrer kann in typischer Weise ursächlich für einen Verkehrsunfall werden. Daß der Schluß von der Typizität der Folge auf die Haftung des Täters nicht stets überzeugt, wird auch am Grünstreifen-Fall deutlich. Ohne Frage ist die Umfahrung des Hindernisses eine gewöhnliche Reaktion anderer Verkehrsteilnehmer[11]. Wird nun die Haftung des Unfallverursachers auf diesen Aspekt gestützt, so wird die deliktsrechtliche Problematik des Falles nicht annähernd erfaßt. Der Wertungsgesichtspunkt greift neben das Problem.

Es ist demnach festzustellen, daß die Adäquanztheorie jedenfalls zur Entscheidung der problematischen Sachverhalte nicht ausreicht.

2. Die Auffassung Rothers[12]

Rother erkennt die dargestellte Schwäche der Adäquanztheorie. Daher schlägt er vor, ihre Aussage für die problematischen Sachverhalte zu modifizieren. Er glaubt, die Fälle dürften „einerseits nicht in der Weise beurteilt werden, daß das Auftreten anderer Verkehrsteilnehmer überhaupt nicht in die Geschehensbetrachtung einbezogen"[13] werde. Andererseits dürfe „der Geschehensablauf auch nicht so angesehen werden, als ob mit einem unrechtmäßig Handelnden als weiterem Beteiligten von vornherein hätte gerechnet werden müssen"[14]. Damit würden die Sachverhalte nämlich auf die gleiche Stufe „mit denjenigen Fällen gestellt, in denen mehrere Täter bewußt und gewollt zusammengearbeitet"[15] hätten. „Bei der Prüfung der Adäquanz der beteiligten Handlungen" sei demzufolge „nicht die Anwesenheit anderer Beteiligter überhaupt, wohl aber deren besonderes Unrechtshandeln" hinweg-

---

[10] B.II.4.b).
[11] So auch BGH — Urt. v. 16. 2. 1972 (BGHZ 58, 164); vgl. Hermann Lange, Schadensersatzpflicht, 282 (l. Sp.); auch Sourlas, 30.
[12] Rother, Adäquanztheorie, 177 ff.; vgl. auch ders., Haftungsbeschränkung.
[13] Ders., Adäquanztheorie, 179 (r. Sp.).
[14] Ders., aaO.
[15] Ders., aaO.

I. Die bisher entwickelten Lösungskonzeptionen

zudenken[16]. An Stelle der üblichen Formeln fragt Rother: „Wäre die Handlung dieses Täters auch dann generell geeignet gewesen, den vorliegenden Schadenserfolg herbeizuführen, wenn der Täter mit einem rechtmäßig handelnden Beteiligten in vergleichbarer Weise zusammengetroffen wäre[17]?" Nur unter solchen Umständen hält er den Täter für verantwortlich.

Die Gedanken Rothers sollen im folgenden stufenweise nachvollzogen und kritisch betrachtet werden.

Zunächst geht Rother davon aus, daß die unmodifizierte Adäquanztheorie auf sämtliche Konstellationen anzuwenden ist, in denen der Zweittäter rechtmäßig handelt. Im Hinblick auf die Weiterverwendung des Wertungsmaßstabes der Wahrscheinlichkeit hält er derartige Fälle für unproblematisch. Bereits diese Prämisse trifft nicht zu. Die Adäquanz des drohenden Verletzungserfolges ist — wie festgestellt wurde — ein Gesichtspunkt, der allein die Feststellung oder Ausdeutung der Rechtswidrigkeit beeinflussen kann. Es stimmt aber keineswegs, daß die Förderung einer typischen, rechtmäßigen Zweittat stets als Verkehrspflichtverletzung zu werten ist. Beispielsweise ist das Herstellen von Krankenwagen erlaubt. Gleichwohl wird dadurch in nicht geringem Maße die Möglichkeit erhöht, daß der Fahrer eines solchen Wagens aus rechtfertigendem Notstand Verkehrsvorschriften übertritt und Schaden anrichtet. Oder es ist der Hinweis auf einen flüchtigen Verbrecher gestattet, obwohl die Gefahr geschaffen wird, daß dieser gestellt wird, einen Ausreißversuch unternimmt und dabei von einem rechtmäßig handelnden Polizeibeamten angeschossen wird.

Des weiteren setzt Rother voraus, daß man das Unrechtshandeln einer anderen Person nur bei gewußtem und gewolltem Zusammenwirken mit jener zu verantworten hat, d. h. also ausschließlich in den Fällen des § 830. Auch dem ist zu widersprechen. Der Verkehr fordert vom Einzelnen oftmals, den Vorsatz oder die Fahrlässigkeit eines Folge- oder Nebentäters in Rechnung zu stellen[18]. Man denke etwa an den Jäger-Fall, in dem der Waffenbesitzer das Gewehr auch mit Rücksicht auf das deliktische Tun des Gastes sichern muß. Wie in diesem Sachverhalt zielen viele der sog. Verkehrssicherungspflichten darauf ab, fremde Pflichtwidrigkeiten im Umgang mit der Gefahrenquelle zu verhindern[19].

Schließlich glaubt Rother, die Haftung für fremdes Unrecht davon abhängig machen zu können, ob die Ersttat auch im Zusammenspiel mit

---

[16] Ders., aaO.
[17] Rother, Adäquanztheorie, 180 (r. Sp.).
[18] Vgl. Dunz, Fremde Unrechtshandlungen, 136 (l. Sp.).
[19] Vgl. unten C.II.4.a) bb) (2) (c).

einer (adäquaten) rechtmäßigen Zweithandlung zu einem vergleichbaren Verletzungserfolg geführt hätte. Er läßt mithin eine gedachte Verantwortlichkeit entscheidend sein. Mit Dunz ist gegen diese Methode einzuwenden, daß sie den Grundsätzen des Deliktsrechts zuwiderläuft[20]. Danach haftet der Einzelne nur für den realen und nicht für einen hypothetischen Kausalablauf. Es kommt hinzu, daß es — folgt man dem Rotherschen Vorschlag — an jedem Sinnzusammenhang zwischen der wirklichen und der gedachten Entwicklung fehlen kann. Deutlich wird dies am Grünstreifen-Fall. Rother will den Unfallverursacher mit folgender Begründung von der Haftung freistellen[21]: Zwar habe der Schaden am Grünstreifen auch von einem rechtmäßig handelnden Beteiligten bewirkt werden können, etwa von dem Fahrer eines beim Bremsen ins Schleudern geratenen PKWs. Jedoch sei in einem solchen Fall der Grünstreifen nicht — wie geschehen — in einer Länge von 400 m niedergefahren worden. Dieser Erfolg sei denkbar allein im Zusammenwirken mit rechtswidrig handelnden Kraftfahrern. — Die Begründung muß zunächst deshalb abgelehnt werden, weil auch Rettungsfahrzeuge die Unfallstelle über den Grünstreifen umfahren konnten, mithin der Schaden ebenso durch rechtmäßiges Zweithandeln eintreten konnte. Vor allem aber ist nicht ersichtlich, daß die Haftung des Unfallverursachers für den vorsätzlich angerichteten Schaden irgendeinen Bezug zu einer möglichen Verantwortlichkeit für eine rechtmäßige Beschädigung des Grünstreifens hat. Es handelt sich um zwei völlig verschiedene Fallkonstellationen, die nach unterschiedlichen Wertungsgesichtspunkten zu entscheiden sind. Eine Verquickung beider, wie sie Rother vorschwebt, führt letztlich zu dem lebensfremden Ergebnis, daß die Verantwortlichkeit des Täters von der Länge des überfahrenden Grünstreifens abhängt. Wäre er nur auf einem Stück von 10 m Länge beschädigt worden, müßte der Unfallverursacher selbst nach Rother haften; denn ein derartiger Schaden hätte ebenso durch einen schleudernden PKW angerichtet werden können.

Die Auffassung Rothers ist daher abzulehnen[22].

3. Die Auffassung Dunz'[23]

Dunz glaubt, der Regelung des § 840 den Grundsatz entnehmen zu können, daß „die Mitwirkung fremden haftpflichtbegründenden ... Tuns den Schädiger im Verhältnis zum Verletzten weder ganz noch

---

[20] Dunz, aaO, 135 (r. Sp.).
[21] Rother, Adäquanztheorie, 181 (l. Sp.).
[22] So auch Dunz, Fremde Unrechtshandlungen, 134 ff.; Hermann Lange, Schadensersatzpflicht, 282 (r. Sp.); Esser, Lehrbuch I, § 44 III 2 c (306); vgl. auch: BGH — Urt. v. 16. 2. 1972 (BGHZ 58, 166).

I. Die bisher entwickelten Lösungskonzeptionen

teilweise entlasten soll"[24]. Dies bringt ihn zu der Aussage, fremde Unrechtshandlungen könnten „als Glieder einer voraussehbaren Kausalkette gegenüber nicht von zurechenbarem menschlichen Handeln gesteuerten Umständen nicht allgemein privilegiert werden"[25]. Dennoch meint er, mitunter gestatte die Verkehrsauffassung dem Einzelnen, bei seinen Dispositionen mögliches Zweitverhalten außer Betracht zu lassen. Er führt dafür einige Beispiele an[26].

Es ist Dunz darin zuzustimmen, daß bei der Entscheidung der problematischen Sachverhalte der Verkehrsauffassung nachzugehen ist[27]. Bedenken bestehen jedoch gegenüber der These, das einschlägige Fallmaterial sei grundsätzlich keiner besonderen Lösung zuzuführen. Schon bei oberflächlicher Betrachtung erscheint es zweifelhaft, ob die den problematischen Sachverhalten anhaftende Fragestellung[28] mit der Bezugnahme auf „gewöhnliche" Entscheidungskriterien zu beantworten ist. Vor allem aber ist die Heranziehung des § 840 im Dunzschen Sinne fraglich. Dunz müßte vorab begründen, warum er diese Vorschrift als einschlägig betrachtet. Vom Wortlaut her befaßt sie sich nämlich keineswegs mit der Haftungsbegründung der gesamtschuldnerisch haftenden Täter. Vielmehr geht sie scheinbar von deren Verantwortlichkeit aus. Alsdann ist zu bedenken, daß nicht allein § 840 eine Regelung der Problemfälle beinhaltet. Auch die §§ 831 und 832 erfassen einen Teil des Fallmaterials[29]. Möglicherweise ist ihnen eine völlig andere gesetzgeberische Wertung zu entnehmen, als Dunz sie der Vorschrift des § 840 entnimmt. — Die Beantwortung der aufgeworfenen Fragen soll im Rahmen der Erarbeitung des eigenen Lösungskonzepts erfolgen[30].

4. Die Auffassung Larenz'[31]

Larenz schlägt für das Fallmuster der psychisch vermittelten Kausalität das Abgrenzungskriterium der „Herausforderung" vor[32]. Den

---

[23] Dunz, Fremde Unrechtshandlungen, 134 ff.
[24] Ders., aaO, 136 (l. Sp.).
[25] Ders., aaO, 137 (r. Sp.).
[26] Ders., aaO, 136 f.
[27] Vgl. oben B.II.
[28] Vgl. oben A.I.
[29] Vgl. Kollhosser, 512.
[30] Siehe vor allem C.II.2.
[31] Larenz, Lehrbuch I, § 27 III b 3; ders., Objektive Zurechnung, 87 f.
[32] Das Kriterium hat die folgende Entstehungsgeschichte. Im Jahre 1927 entwickelte Larenz seine Lehre von der Tatzurechnung, nach der jede Folge dem Willen des Handelnden objektiv zugerechnet werden müsse (Larenz, Hegels Zurechnungslehre). Lange Jahre diente diese Überlegung dem Autor dazu, das rechtsphilosophische Fundament für die Adäquanztheorie zu lie-

Ersten treffe — so meint Larenz — eine Ersatzpflicht, wenn er die fremde Tat herausgefordert habe. Beispielsweise seien durch eine Körperverletzung „Hilfeleistungen aller Art, angefangen von der Anlegung eines Notverbandes, dem Transport zum Krankenhaus oder Arzt bis zur ärztlichen Behandlung und der Pflege im Krankenhaus"[33] herausgefordert. In diesem Sinne seien grundsätzlich solche Zweithandlungen zu betrachten, die bezweckten, „den bereits eingetretenen Schaden zu verhüten"[34]. Gleiches gelte für Fälle, in denen der Erstverursacher zur Verhinderung der fremden Tat verpflichtet gewesen sei, etwa „wenn der Verwahrer oder Entleiher durch mangelhafte Verwahrung den Diebstahl ermöglicht"[35, 36] habe. Den Diebstahl sieht Larenz als „gleichsam herausgefordert"[37] an. Dagegen ist seiner Auffassung nach eine Haftungsfreistellung geboten, wenn die Fremdtat „auf einem selbständigen, durch die Handlung des Erstschädigers nicht herausgeforderten Entschluß"[38] beruht. Diesen Gedanken hat der BGH bei der Entscheidung des Grünstreifen-Falles aufgenommen[39, 40].

---

fern: Unwahrscheinliche Geschehensabläufe würden von niemandem ernsthaft erwartet, daher seien sie dem Täterwillen nicht zuzurechnen. Die Entscheidung des LG Düsseldorf (siehe oben A.I.) veranlaßte Larenz, seine Lehre weiterzuentwickeln. Er vertrat nunmehr die Auffassung, daß auch adäquate Folgen dem Täter mitunter nicht anzulasten seien, nämlich dann, wenn sie durch eine fremde Willensbetätigung in vorsätzlicher Weise herbeigeführt worden sei. In derartigen Fällen ende die Willenssphäre des Ersten mit dem Zweithandeln (ders., Tatzurechnung, 1012 l. Sp.). Drei Jahre später rückte Larenz von dieser These teilweise ab: Nicht erst die vorsätzliche Handlung eines anderen schließe die Tatzurechnung aus, diese entfalle vielmehr schon dann, „wenn die für den Erfolg ursächliche Handlung des Dritten mit dem die Verantwortlichkeit des Ersten begründenden Ereignis in keinem ‚inneren', d. h. in keinem durch den Zweck gegebenen Zusammenhang" stehe (ders., Anmerkung, 628). Diesen „inneren Zusammenhang" präzisiert Larenz nunmehr mittels des Begriffes der „Herausforderung". Neuerdings räumt er zwar ein — und damit könnte wiederum eine neue Konzeption eingeleitet werden —, daß mit diesem Kriterium die Gründe für die Tatzurechnung außerhalb oder neben dem Gesichtspunkt der adäquaten Folge — noch nicht erschöpft sind (ders., Objektive Zurechnung, 88). Dennoch erweckt er den Eindruck, daß seine Entscheidungshilfe auf eine große Zahl, wenn nicht die Mehrzahl der Problemfälle anzuwenden sei.

[33] Ders., Lehrbuch I, § 27 III b 3 (323).
[34] Ders., aaO.
[35] Ders., aaO; ders., Objektive Zurechnung, 86.
[36] Vgl. zu diesem Fall auch Esser, Lehrbuch I, § 44 III 2 c. Ähnlich gelagert ist der durch v. Caemmerer, Kausalzusammenhang, 10 f., beschriebene Sachverhalt, in dem ein Büroangestellter den Geldschrank über Nacht offenstehen läßt und dadurch einen Diebstahl ermöglicht. Vgl. dazu Rother, Adäquanztheorie, 182 (r. Sp.).
[37] Larenz, Lehrbuch, I, aaO.
[38] Ders., Objektive Zurechnung, 87.
[39] BGHZ 58, 167; vgl. dazu Hermann Lange, Schadensersatzpflicht, 283 (l. Sp.).
[40] Larenz selbst führt den Grünstreifen-Fall neuerdings nicht mehr als Beispiel an (vgl. etwa: Larenz, Objektive Zurechnung, 83 ff.).

I. Die bisher entwickelten Lösungskonzeptionen

Es sei zunächst geklärt, in welche Richtung das Kriterium der Herausforderung unter Berücksichtigung des Sprachgebrauches weist. Gemeinhin wird man als Herausforderung — schärfer formuliert: als eine Provokation — nur ein Verhalten verstehen, das durch den Willen zum Eintritt eines Geschehens abgedeckt ist. Dieser Sinngehalt freilich kann dem Larenzschen Merkmal nicht gegeben werden; denn es sind vor allem Fahrlässigkeitsdelikte, welche mit seiner Hilfe beurteilt werden sollen. Mir scheint, daß daher allein die folgende Interpretation des Merkmals zutrifft: Ein Geschehnis ist herausgefordert, wenn seine Eintrittsmöglichkeit in besonderem Maße begünstigt, d. h. seine Wahrscheinlichkeit beträchtlich erhöht wird. Von der Herausforderung einer fremden Willensbildung kann mithin gesprochen werden, wenn diese durch das Schaffen bestimmter Umstände „präformiert"[41] wird. M. a. W.: Entscheidend ist die Intention der Zweit- durch die Ersthandlung[42]. So gesehen erscheint das Larenzsche Kriterium als eine Modifizierung der Adäquanztheorie. Statt eines Mindest- oder Mittelmaßes an Wahrscheinlichkeit wird ein gesteigerter Grad verlangt.

Vor dem Hintergrund dieser Bedeutung des Maßstabes überzeugt es nicht, daß der BGH im Grünstreifen-Fall eine Herausforderung der nachfolgenden Autofahrer ablehnt[43]. Wer als wartender Autofahrer die Möglichkeit sieht, eine Fahrbahnblockierung zu umfahren, wird versucht sein, davon Gebrauch zu machen. Befindet er sich überdies in Eile und beobachtet er, wie andere Kraftfahrer dem Hindernis bereits ausweichen, wird er diesen mit großer Wahrscheinlichkeit folgen[44]. Eine andere Betrachtungsweise hieße, die Disziplin im Straßenverkehr zu überschätzen. Es ist daher festzustellen, daß die Unfallsperre die hinzukommenden Verkehrsteilnehmer durchaus zur Beschädigung des Grünstreifens herausfordert[45]. Deren Willensbildung wird in dem oben dargestellten Sinne präformiert. Mithin wäre eine Verantwortlichkeit des Unfallschuldigen anzunehmen — ein Ergebnis, das Larenz selbst für unangemessen hält[46].

Das solchermaßen präzisierte Kriterium der Herausforderung reicht ebenso zur Entscheidung der sog. Nothilfefälle nicht aus. Man wird

---

[41] Martens, 742 (l. Sp.), spricht im Hinblick auf die von ihm untersuchten Verfolgungsfälle ebenfalls von einer „Präformierung" der Zweittat.
[42] Vgl. auch Deutsch, Regreßverbot, 553 (l. Sp.); Martens, 742; Haberhausen, 1309 (r. Sp.).
[43] BGHZ 58, 167.
[44] Auch Hermann Lange, Schadensersatzpflicht, 282 (l. Sp.), weist darauf hin, daß, wenn ein Kraftfahrer den Anfang gemacht hat, „sich bei den anderen die psychischen Hemmungen verringern und ... sich dann auch die mehr oder minder spürbare Ungeduld der jeweils nachfolgenden Fahrer auswirkt".
[45] Vgl. ders., aaO, 283 (l. Sp.).
[46] Larenz, Tatzurechnung, 1009 ff.

zwar regelmäßig davon ausgehen können, daß eine Notlage den Hilfsentschluß Dritter präformiert. Indessen trifft es nicht zu, daß jede herausgeforderte Aktion mit sämtlichen ihr anhaftenden Risiken dem Verantwortungsbereich des Täters zuzurechnen ist. So ist es denkbar, daß eine akute Notsituation zu einer völlig unbeherrschten Hilfsaktion verleitet. Oder es ist möglich, daß ein an und für sich umsichtiger Helfer ausnahmsweise eine grobe Nachlässigkeit begeht. Werden durch derartige Handlungen der Eingreifende oder Dritte verletzt, so verläuft die Grenze der Zurechnung zum Täterverhalten keineswegs auf der Linie herausgeforderter — nicht herausgeforderter Zweittaten. Insoweit wird auf spätere Ausführungen verwiesen[47]. Ein überzeugendes Lösungskonzept muß auf weitere Gesichtspunkte als den der Präformation des Hilfsentschlusses abstellen[48].

Auch hinsichtlich des Verwahrer-Falles ist das Kriterium als Entscheidungshilfe ungeeignet. Es ist zu bedenken, daß in derartigen Sachverhalten zwischen vertraglicher und deliktischer Haftung zu trennen ist. Ohne Frage verletzt der nachlässige Verwahrer eine Vertragspflicht und muß für den daraus resultierenden Schaden einstehen. Dabei kommt es im übrigen auf die Herausforderung des Diebstahls nicht an. So haftet der Pflichtige auch, wenn der Dieb von seiner Nachlässigkeit überhaupt keine Kenntnis hat. Indessen interessiert bei der Anwendung des § 823 I, ob der Verwahrer mit der Vertrags- zugleich eine Verkehrspflicht verletzt. Das ist — auf Grund des kategorischen Unterschiedes zwischen beiden Haftungsgründen[49] — zu verneinen[50]. Wie Dietz erkannt hat, ist bei der Anwendung deliktischer Vorschriften von der besonderen vertraglichen Situation abzusehen[51]. Wäre der Verwahrer aber vertraglich zur Sorgfalt nicht verpflichtet, so brauchte er den Diebstahl nicht zu verhindern. Keineswegs besteht allgemein eine Verkehrspflicht, fremde Gegenstände vor Diebstahlstaten zu sichern. Bei der Verwendung des Larenzschen Maßstabes kann diese Sachlage nicht berücksichtigt werden.

Sofern man das Larenzsche Kriterium mit der obigen Deutung versieht, lassen sich die genannten Sachverhalte oder Sachverhaltskonstellationen mit seiner Hilfe überzeugend nicht entscheiden. Freilich bleibt

---

[47] C.II.4.a) bb) (2) (d).
[48] Davon geht auch der BGH in seiner Entscheidung v. 13. 7. 1971, JZ 1972, 57 (r. Sp.) aus, die sich auf die ähnlich strukturierten Verfolgungsfälle, vgl. unten C.II.4.a) bb) (2) (e), bezieht. Er stellt darauf ab, ob sich der Zweitverursacher habe „zum Handeln herausgefordert fühlen" dürfen (vgl. unten aaO). Aber auch diese Formulierung überzeugt nicht; vgl. Niebaum, 1674.
[49] Siehe dazu oben A.I.
[50] Vgl. auch Palandt / Thomas, vor § 823, 2: Die Verletzungen von Vertragspflichten „sind als solche keine unerlaubten Handlungen".
[51] Dietz, bes. 280 ff.

I. Die bisher entwickelten Lösungskonzeptionen 61

die Möglichkeit, unter einer herausgeforderten Zweittat eine solche zu verstehen, die dem Verantwortungsbereich des Ersten billigerweise zuzurechnen ist. Damit jedoch entfernt man sich zum einen vom Sprachgebrauch, zum anderen aber ist die „Herausforderung" als Abgrenzungsmaßstab wertlos. Es bedarf keiner Formel, die lediglich eine Umschreibung des Ergebnisses bereithält, nicht aber die in Wahrheit maßgeblichen Wertungsgesichtspunkte offenlegt[52].

Der Larenzschen Auffassung ist in dem beschriebenen Umfang zu widersprechen[53, 54].

5. Die Auffassung Luers[55]

Luer nennt drei Gesichtspunkte, nach denen das Fallmaterial zu entscheiden ist. Er meint, die Haftung für eine fremde Willensbetätigung könne sich aus der „außerordentlichen Gefährlichkeit"[56] des Erstverhaltens für die Rechtsgüter des Verletzten ergeben. Ferner habe der Täter einzustehen, sofern er „dem Verletzten den Schutz seiner Rechtsgüter wesentlich erschwert"[57] habe. Schließlich sei die Ersatzpflicht des Ersten geboten, wenn der Verletzte gegen die Zweiten „keine Rechte verfolgen"[58] könne.

Die ersten beiden Gesichtspunkte seien vorerst nicht erörtert. Welche Rolle die „außerordentliche Gefährlichkeit" des Erstverhaltens im Rahmen eines Lösungskonzepts spielt[59] wird später deutlich werden[60]. Der zweite Topos, die Erschwerung des Rechtsgüterschutzes, kann nur für die Frage der Haftungsbegrenzung von Bedeutung sein. Seine Berücksichtigung setzt nämlich voraus, daß die Fremdtat nach der Primärverletzung erfolgt, mithin den haftungsausfüllenden Kausalzusammenhang beeinflußt.

---

[52] Dies ist insbesondere — und zu Recht — der Adäquanztheorie im ursprünglichen Sinne vorgeworfen worden; vgl. dazu Friese, 25 f. mN. — Auch Martens, 745, Anm. 34, hält dem Larenzschen Kriterium vor, „zu wenig präzis zu sein, um im Einzelfall einen genügenden Anhalt zu bieten".
[53] Kritisch gegenüber dem Kriterium der „Herausforderung" auch Hermann Lange, Schadensersatzpflicht, 282.
[54] Ob und inwieweit der Gesichtspunkt der erhöhten Gefährlichkeit bei einer Lösung dennoch zu berücksichtigen ist, wird später zu klären sein, vgl. unten C.II.4.a) bb) (2) (c), Fußn. 23.
[55] Luer, 149 ff.
[56] Ders., 150, 152, 154.
[57] Ders., aaO.
[58] Ders., aaO.
[59] Entsprechend den obigen Erkenntnissen (C.I.4.) ist dieser Gesichtspunkt praktisch gleichbedeutend mit dem Larenzschen Kriterium.
[60] C.II.4. a) bb) (2) (c), Fußn. 23.

Vorliegend sei geprüft, ob der dritte Aspekt eine Zurechnung der Fremdtat erlaubt. Luer begründet mit seiner Hilfe die Haftung des Unfallverursachers im Grünstreifen-Fall[61].

Zunächst halte ich es nicht für zulässig, die Verantwortlichkeit des Ersten von einer Entwicklung nach dem Unfall abhängig zu machen. Es geht nicht an, die Schadensersatzpflicht des Täters anzunehmen, wenn die nachfolgenden Kraftfahrer nicht ermittelt werden können, sie aber zu leugnen, wenn diese ausfindig gemacht werden können. Damit wäre die Haftung des Ersten im Zeitpunkt der Vornahme seiner Handlung unsicher. Das wäre unvereinbar mit der Erkenntnis, daß jede Verantwortung auf einem Verstoß gegen eine die Verhinderung des Verletzungserfolges bezweckende Pflicht beruht, mithin auch im Zeitpunkt der Pflichtverletzung festzustehen hat. Der Gesichtspunkt kann die Fallentscheidung also nur beeinflussen, wenn er pflichtbegründend wirkt. Nach der Verkehrsauffassung müßte der LKW-Fahrer auch deshalb zu einer Verhinderung des Unfalls gehalten sein, weil durch eine anschließende Blockierung der Fahrbahn die Gefahr unrechtmäßigen Handelns nicht auffindbarer Zweitverursacher heraufbeschworen wird. Welche Entwicklung sich tatsächlich an den Unfall anschließt, muß dann für die Existenz der Pflicht ohne Belang sein. Mir scheint jedoch, daß auf solche Weise eine Verkehrspflicht nicht zu begründen ist. Der Verkehr statuiert Ge- und Verbote lediglich im Hinblick auf Gesichtspunkte, die vernünftigerweise vom Einzelnen bedacht und zur Grundlage seines Verhaltens gemacht werden können. Die Durchsetzbarkeit von Ansprüchen möglicher Verletzter gegenüber etwaigen Zweitverursachern ist kein derartiger Aspekt. Es hieße, den Sorgfaltsmaßstab eines Verkehrsteilnehmers zu überspannen, wollte man ihm die Umsicht abverlangen, sich das Risiko der Nichtauffindbarkeit von Folgetätern zu vergegenwärtigen. Dieser Topos vermag die Haftung des Unfallverursachers mithin nicht zu tragen[62].

6. Die Auffassung Deutschs[63]

Deutsch verwendet für die Sachverhalte der psychisch vermittelten Kausalität das Kriterium der Freiwilligkeit und greift insoweit auf die Lehre von der Unterbrechung des Kausalzusammenhanges zurück. Entsprechend seiner dogmatischen Einstufung des Problems als ein solches der Kausalität[64] glaubt er, „das Band der Ursächlichkeit"[65] lasse sich vom Verletzungserfolg bis zur Ersttat nur zurückverfolgen, wenn der

---

[61] Luer, 150.
[62] So im Ergebnis auch Rother, Adäquanztheorie, 181 (r. Sp.).
[63] Deutsch, Regreßverbot, 551 ff.; ders., Haftungsrecht I, 162.
[64] Siehe dazu oben B.I.1.b) cc).

I. Die bisher entwickelten Lösungskonzeptionen

Zweitverursacher nicht „vollständig frei"[66] gewesen sei. Er gibt sodann folgende Deutung des Begriffes der Freiwilligkeit: An der Freiheit des Zweiten fehle es „schon von Rechts wegen"[67], wenn der Erste zur Verhinderung der Zweittat verpflichtet sei. Als Beispiel führt er den Fall des unzuverlässigen Verwahrers an. Ferner sei der Zweite nicht „vollständig frei", wenn ihm sein Tatentschluß durch die Ersttat „nahegelegt"[68] worden sei. Mit dieser Erwägung will er den Grünstreifen-Fall entscheiden. Der Unfallverursacher habe den nachfolgenden Autofahrern deren Verhalten nicht nahegelegt. Infolgedessen sei er von der Haftung freizustellen.

Es stellt sich die Frage, ob Deutsch den Begriff des freiwilligen Handelns zutreffend deutet. Eine endgültige Definition unfreien bzw. freien Willens sei vorerst noch nicht gegeben[69]. Vielmehr sei lediglich die Richtung aufgezeigt, die eine Begriffsbestimmung einzuschlagen hat. Wegweiser ist die Vorschrift des § 123. Diese Norm knüpft an die Beeinträchtigung freier Willensbildung Rechtsfolgen an[70]. Ihr ist zu entnehmen, daß die Interpretation des Begriffes die Modalität des Irrtums oder des Zwanges berücksichtigen muß[71]. Kommt ein Entschluß unter derartigen Umständen zustande, so kann die Möglichkeit zur Alternativentscheidung, die die Grundlage jeder Zurechnung bildet[72], fehlen. Mit dieser Erkenntnis lassen sich freilich die Ausführungen Deutschs nicht vereinbaren. Der Entschluß des Zweitverursachers, beispielsweise des Diebes im Verwahrer-Fall, ist nicht deshalb „unfrei" — auch nicht „von Rechts wegen" —, weil etwa der Erste zur Verhinderung der Zweittat verpflichtet ist. Es ist unerfindlich, wie die Pflichtstellung des einen Beteiligten die Modalität der Willensbildung des anderen beeinflussen soll. Ebensowenig überzeugt es, wenn Deutsch eine Zweittat deshalb als „unfrei" ansieht, weil sie durch die Ersthandlung „nahegelegt" ist. Das Nahelegen einer fremden Willensbildung und die Störung oder Aufhebung der Entschlußfreiheit sind begrifflich zu trennen. Keineswegs bedingen sie sich untereinander. Es läßt sich daher feststellen, daß Deutsch zwar die Freiwilligkeit zum Oberbegriff seiner Lösungskriterien bestimmt, letztere jedoch nicht aus dem Sinn-

---

[65] Deutsch, Regreßverbot, 553 (l. Sp.).
[66] Ders., aaO.
[67] Ders., aaO.
[68] Ders., aaO.
[69] Siehe dazu unten C.II.1.b) bb) (1).
[70] Zwar betrifft diese Vorschrift nur die Beeinträchtigung eines rechtsgeschäftlichen, nicht aber jedweden Willens, indessen kommt es für die Definition der Freiheit des Willensentschlusses auf diese Einschränkung nicht an.
[71] Vgl. Palandt / Heinrich, vor § 116, 4 e.
[72] Grundlegend etwa Henkel, 3 ff.

gehalt des Merkmales bestimmt. Mit dem Kriterium des „Nahelegens" der Zweittat stellt er vielmehr auf deren Intention durch die Ersthandlung ab. Der Sache nach bestehen keine Unterschiede zum Larenzschen Konzept. Es kann insoweit auf die diesbezügliche Kritik verwiesen werden.

Kann demnach die Auffassung Deutschs aus den beschriebenen Gründen nicht akezptiert werden, so fragt sich, ob der Freiwilligkeitsmaßstab bei richtiger Begriffsbestimmung zur Entscheidung des Fallmaterials ausreicht. Auch das ist zu verneinen[73]. So handelt im Jäger-Fall[74] der Gast, der das Gewehr ergreift und Schaden anrichtet, freiwillig. Dennoch erstreckt sich der Verantwortungsbereich des Waffenbesitzers auf dieses Verhalten. Weitere Sachverhalte, in denen Verkehrspflichten die Verhinderung freiwilliger Zweithandlungen bezwecken, werden später beschrieben[75]. Die Lehre von der Unterbrechung des Kausalzusammenhanges läßt sich daher jedenfalls nicht mit einem kategorischen Geltungsanspruch aufrechterhalten.

7. Die Auffassung Haberhausens[76]

Haberhausen hat die folgende Lösungskonzeption erarbeitet: Gesondert zu behandeln seien „jene Fälle, in denen ein Mensch unmittelbares Handlungsobjekt eines Dritten"[77] sei, beispielsweise der Sachverhalt einer Körperverletzung. Das Urteil über die Kausalität bedeute hier das Urteil über die Zurechnung. Hinsichtlich des übrigen Fallmaterials seien zunächst die Konstellationen herauszuarbeiten, in denen die Zweithandlung eine „mindere Handlungsqualität"[78] habe. Die Haftung des Ersten sei in solchen Fällen gerechtfertigt, weil er sich die fremde Tat als eigene zurechnen lassen müsse. Ein Beispiel sei die sog. mittelbare Täterschaft. Bei gleicher Handlungsqualität gelte dagegen der Grundsatz der Selbstverantwortlichkeit. Dieser bedinge, daß dem Ersten die Zweithandlung nur ausnahmsweise zugerechnet werden könne, und zwar bei drei Sachlagen: Einmal, wenn der Erstverursacher den Zweiten vor eine Situation gestellt habe, die für diesen eine Rechtspflicht zum Handeln begründe, zum anderen, wenn der Erste eine Verkehrssicherungspflicht verletzt habe, und schließlich, wenn ein Fall des § 679 vorliege.

---

[73] Für die Fälle des Handelns auf eigene Gefahr ausdrücklich Stoll, Handeln, 366.
[74] B.II.1.a) bb).
[75] C.II.4.a) bb) (2).
[76] Haberhausen, 1307 ff.
[77] Ders., 1309 (l. Sp.).
[78] Ders., 1309 (r. Sp.).

I. Die bisher entwickelten Lösungskonzeptionen

Das Haberhausensche Modell beruht zum Teil auf Gedanken, deren Berücksichtigung bei der Lösung des Problems auch mir notwendig erscheinen. Das gilt für die Aufteilung des Fallmaterials in unterschiedliche Konstellationen[79], das Abstellen auf verschiedene Handlungsqualitäten[80] und den Grundsatz der Selbstverantwortlichkeit[81].

Dagegen ist Haberhausen zu widersprechen, wenn er glaubt, in den Fällen, in denen „ein Mensch unmittelbares Handlungsobjekt" sei, bedeute das Urteil über die Kausalität das der Zurechnung. Wird etwa ein Selbstmörder von einem Zug erfaßt, ist die Handlung des Zugführers für dieses Geschehen kausal. Gleichwohl ist jenem der Verletzungserfolg nicht zuzurechnen. Er fällt allein in den Verantwortungsbereich des Selbstmörders[82]. — Es ist ferner unrichtig, die Fälle der mittelbaren Täterschaft mit der Begründung entscheiden zu wollen, das Verhalten des Tatmittlers habe eine geringere Wertigkeit als die des Hintermannes. Man stelle sich vor, daß jemand an der wertvollen Münzsammlung eines Bekannten interessiert ist und daher dessen Hausangestellte verleitet, die Münzsammlung zu entwenden und ihm herauszugeben. Die Hausangestellte handelt als Tatwerkzeug in vollem Bewußtsein der Folgen und ist frei in ihrer Willensbildung. Eine geringere Wertigkeit ihres Verhaltens — gleichwie man diese definieren mag — ist nicht feststellbar; dennoch haftet der Hintermann als mittelbarer Täter. Des weiteren überschätzt Haberhausen in jedem Fall die Reichweite des von ihm entwickelten Grundsatzes der Haftungsfreistellung für gleichwertiges Fremdverhalten. Wenn ein Verkäufer seinem Kunden eine Maschine liefert, die nur unter der Verletzung eines einem Dritten zustehenden Patents benutzt werden kann und es zur einer solchen Rechtsverletzung durch den Kunden kommt, ist der Lieferant haftpflichtig[83]. Das Haberhausensche Konzept bietet für diese Entscheidung keinen Raum. Schließlich sind auch angesichts zweier von ihm genannter Ausnahmefälle Bedenken angebracht. So ist der Erstverursacher nicht stets verantwortlich, wenn er für den Zweiten eine Rechtspflicht zum Handeln heraufbeschwört und es infolgedessen zu einer Rechts- oder Rechtsgüterverletzung kommt. Auch wer der Polizei einen Hinweis auf den gesuchten Täter gibt, schafft für die Beamten eine Pflicht zur Verfolgungsaktion. Gleichwohl kann er nicht in Anspruch genommen werden, wenn es zu Körperverletzungen kommt. Ebensowenig kann die Haftung des Täters von der Verletzung einer Verkehrssicherungspflicht abhängig gemacht werden. Verkehrssiche-

---

[79] Siehe dazu etwa C.II.1.b) cc).
[80] Siehe dazu aaO.
[81] Siehe dazu C.II.1.a) bb) (2).
[82] Vgl. dazu C.II.4.a) bb) (1).
[83] Vgl. dazu Stoll, Unrechtstypen, 216 f. mN; siehe unten C.II.4.a) bb) (2) (f).

rungspflichten sind besondere Kategorien allgemeiner Verkehrspflichten[84]. Ihre Verletzung ist ebensowenig wie ein Verstoß gegen eine Verkehrspflicht ein Grund, den Täter für jede Folge haften zu lassen[85]. Fraglich ist vielmehr, ob und inwieweit Verkehrssicherungspflichten bestehen, die die Verhinderung fremder Willensbetätigungen bezwecken.

II. Die eigene Konzeption

Die Kriterien zur Entscheidung des Fallmaterials sollen in vier Stufen herausgearbeitet werden. Auf der ersten Stufe sollen die Rechtswerte, Rechtsprinzipien und Interessen dargestellt werden, deren Kollision das einschlägige Problem bedingt. Es soll weiter der Frage nachgegangen werden, ob die grundlegenden Aspekte durchgängig — d. h. im Hinblick auf das gesamte Fallmaterial — zu beachten sind oder nur eine begrenzte Reichweite besitzen. Möglicherweise werden sich schon dabei Sachverhaltskonstellationen abzeichnen, die durch das gleiche Kräftespiel gekennzeichnet und demzufolge mit gleichen Entscheidungskriterien zu belegen sind. Die zweite Stufe soll dazu dienen, den gesetzgeberischen Wertungen nachzugehen. Es soll geprüft werden, ob und inwieweit eine Lösung des Problems im Gesetz vorgezeichnet ist. Auf der dritten Stufe sollen die Erkenntnisse über die grundlegenden Aspekte mit denen über die gesetzgeberischen Wertungen verglichen werden. Unter Umständen werden die Ergebnisse aufeinander abzustimmen sein. Die sich sodann abzeichnende Konzeption soll schließlich auf der vierten Stufe anhand des Fallmaterials getestet und gegebenenfalls ergänzt oder vertieft werden.

1. Die grundlegenden Aspekte des Problems und ihre Reichweite

a) Die grundlegenden Aspekte des Problems

Für oder gegen die Haftung für fremde Willensbetätigungen sprechen jeweils bestimmte Rechtswerte, Rechtsprinzipien und Interessen. Wenn diese nachstehend geschildert werden, so ist damit allerdings noch kein Lösungskonzept gewonnen. Es kann lediglich festgestellt werden, daß

---

[84] Vgl. v. Caemmerer, Wandlungen, 479 ff.

[85] Dies verkennt auch Ballerstedt, 108 (l. Sp.). Hinsichtlich der Haftung von Demonstrationsteilnehmern wegen fahrlässiger Ermöglichung fremder Ausschreitungen führt er aus, die Verantwortlichkeit werde nicht aus deren Aufsichtspflicht über die Demonstranten, sondern aus eigener Fahrlässigkeit abgeleitet. Die Herbeiführung einer Gefahrenlage für die Rechtsgüter eines anderen begründe stets die Pflicht zu geeigneten Schutzmaßnahmen. — Die Frage ist aber — worauf Kollhosser, 512, zu Recht hinweist —, ob derartige Sicherungspflichten auch bestehen, wenn sie inhaltlich auf Aufsichtspflichten hinauslaufen.

II. Die eigene Konzeption

der eine oder andere Aspekt das Kräfteparallelogramm zu beeinflussen vermag. Wie schwer er wiegt und ob er die Entscheidung des einzelnen Sachverhalts maßgeblich bestimmt, wird noch zu prüfen sein.

aa) Aspekte, die eine Haftung für fremde Willensbetätigungen fordern

Es ist ein Interesse der Rechtsgemeinschaft, dem Einzelnen die ihm zustehenden Rechte und Rechtsgüter als von anderen unbeschädigt zu erhalten[1, 2]. Das Anliegen findet seine Ausprägung in zweierlei Hinsicht. Zum einen werden Rechte und Rechtsgüter durch die Androhung einer Ersatzpflicht gegen deliktische Beschädigung geschützt. Das Deliktsrecht hat daher eine präventive Funktion[3]. Zum anderen wird der Verletzer zur Wiederherstellung des alten Zustandes gezwungen. Dies entspricht der Ausgleichsfunktion der Schadensersatznormen.

Beide Funktionen — so meine ich — fordern eine möglichst weitgehende Haftung für fremde Willensbetätigungen, d. h. also auch eine Vielzahl von Verkehrspflichten zur Verhinderung einschlägiger Verletzungserfolge. Mit der Summe der Pflichtigen steigt die Anzahl solcher Personen, die sich infolge der drohenden Schadensersatzpflicht zu möglichst ungefährlichem Verhalten entschließen. Die Ausweitung der deliktischen Verantwortlichkeit ist demzufolge geeignet, die Häufigkeit der Schadensfälle abzubauen — eine Tendenz, die der Präventivfunktion des Deliktsrechts entspricht. Im Hinblick auf die Ausgleichsfunktion ist zu beachten, daß dem Betroffenen mit jedem verantwortlichen Erstverursacher ein weiterer Anspruchsgegner zusteht. Für ihn erhöht sich die Wahrscheinlichkeit, die Einbuße in vollem Umfang ersetzt zu bekommen[4].

Wäre der Rechtsfindende ausschließlich dem Interesse an der Erhaltung der dem Einzelnen zustehenden Rechte und Rechtsgüter verpflichtet, müßte er mithin die Problemfälle im Sinne einer weitgehenden Haftung für fremdes Tun entscheiden.

---

[1] Vgl. auch Luer, 117.
[2] Aus welchen Werten dieses Interesse seine Wurzel zieht, mag dahinstehen (vgl. dazu: Reinhardt, 716 l. Sp.). Jedenfalls handelt es sich um ein Anliegen, das in dieser Form Beachtung fordert.
[3] Vgl. dazu etwa Bydlinski, Schadensverursachung, 18, 60 f.; Deutsch, Zurechnung, 39; Hanau, 112 f.; Weckerle, 21; jeweils mwN.
[4] Vgl. zum Interesse des Betroffenen an der Haftung möglichst vieler Personen: Rother, Haftungsbeschränkung, 28.

bb) Aspekte, die eine Haftungsfreistellung des Erstverursachers nahelegen

(1) Das Prinzip der Beherrschbarkeit des zu verantwortenden Geschehensablaufes

Zuweilen wird die Auffassung vertreten, es gebe ein Rechtsprinzip, nach dem nur ein solcher Verletzungserfolg zu verantworten sei, der innerhalb eines beherrschbaren Kausalablaufes angesiedelt sei[5]. Damit wird nicht etwa gefordert, der Täter müsse zur Auslösung der Kausalkette fähig gewesen sein[6]; das ist eine selbstverständliche Voraussetzung jeder Haftpflicht. Vielmehr wird postuliert, ein Verletzungserfolg, dessen Verhinderung die vom Täter verletzte Verkehrspflicht bezwecke und der somit zu verantworten sei, müsse innerhalb der Einflußsphäre des Pflichtigen liegen.

Das Prinzip könnte zur Begründung einer Haftungsfreistellung herangezogen werden. Die fremde Willensbetätigung nämlich wird sich vielfach der Einflußsphäre des Täters entziehen. Es ist daher die Geltung des bezeichneten Grundsatzes zu überprüfen. Dabei führt die Betrachtung von Fallkonstellationen, in denen der Täter ausschließlich Naturgesetzmäßigkeiten in Gang setzt, nicht weiter. Derartige Kausalfaktoren fallen notwendig in den Machtbereich des Handelnden[7]. Der Nachweis der Richtigkeit des bezeichneten Grundsatzes muß demzufolge anhand des einschlägigen Fallmaterials geführt werden. Hier ist es möglich, daß die Verursachung und die Beherrschbarkeit eines Geschehnisses auseinanderfallen[8]. Man denke an den Grünstreifen-Fall. Der Unfallverursacher kann den nachfolgenden Kraftfahrer zwar das Motiv ihres Handelns geben, keinesfalls aber beherrscht er das Folgegeschehen.

Ob die Verkehrsauffassung im beschriebenen Sinne wertet, d. h. also sich dem Prinzip der Beherrschbarkeit des zu verantwortenden Ge-

---

[5] So vor allem Larenz, Tatzurechnung, 1009 ff.; ders., Objektive Zurechnung, 79 ff. Ferner: Roth-Stielow, Tatbestandsmäßiges Verhalten, 893 ff.; ders., Reichweite, 180 ff. (vgl. oben B.I.1.a) cc)); Schwarz, 164 (r. Sp.); Deutsch, Zurechnung, 34; Martens, 743. Vgl. zur Beherrschbarkeit des Geschehensablaufes weiter: Thalheim, 92 ff.; Hübner, Schadenszurechnung, 69.

[6] Vgl. etwa Martens, 743.

[7] Vgl. Reinecke, 99: In derartigen Fällen findet der Täter „mathematisch exakt im Erfolge die Entäußerung seiner Willensmacht über die Natur" vor.

[8] Gegen das Prinzip läßt sich nicht einwenden, daß — wie etwa im Jäger-Fall (vgl. oben B.II.1.a) bb)) — Verkehrspflichten mitunter auch darauf abzielen, unbeherrschbare Verletzungserfolge zu verhindern. Der Grundsatz muß nicht mit einem kategorischen Geltungsanspruch versehen sein (In diese Richtung aber weisen die Ausführungen Schwarzs, 164, der die Anwendbarkeit der Deliktsnormen auf die Nothilfefälle wegen der fehlenden Beherrschbarkeit überhaupt leugnet. Zu einem kategorischen Geltungsanspruch muß folgerichtig auch derjenige gelangen, der den Aspekt zur Auslegung des Verhaltensbegriffes verwendet, vgl. dazu oben B.II.1.a) bb)).

II. Die eigene Konzeption

schehensablaufes verpflichtet fühlt, müßte am Bewußtsein des einzelnen Verkehrsteilnehmers abzulesen sein. Es ist daher von Interesse, mit welchem Vorbringen sich ein Erstverursacher regelmäßig gegen seine Einstandspflicht wehrt. Die häufigste Einlassung dürfte sein, daß er die vom Zweiten herbeigeführte Verletzung möglicherweise angeregt, jedoch nicht habe verhindern können[9]. Mit dieser Einlassung aber zielt der Erstverursacher in der Tat auf die Diskrepanz zwischen der Verursachung und der Beeinflußbarkeit des Geschehenes ab. Er beruft sich auf eine allgemeine Vorstellung, nach der die Grenze des Einflußbereiches mit der seiner Haftpflicht identisch ist. Es spricht demnach viel für die Gültigkeit des Prinzips. Letztlich soll die Beweisführung aber nicht auf das bezeichnete Indiz beschränkt bleiben. Es stellt sich die Frage, wie ein solches Rechtsprinzip begründet werden kann. Mir scheint, daß die Antwort unter Bezugnahme auf die rechtsphilosophische Legitimation der Verantwortlichkeit für eine Rechts- oder Rechtsgüterverletzung zu geben ist. Mit Larenz[10] ist festzustellen, daß die Einstandspflicht des Täters für einen Verletzungserfolg durch die Zurechenbarkeit des letzteren zum Täterwillen gerechtfertigt ist. Anders formuliert: Verkehrspflichten zielen allein auf die Verhinderung solcher Geschehnisse ab, die von der Willenssphäre des Täters umspannt werden. Vor solchem Hintergrund aber ist die Ausdehnung der Haftpflicht auf ein Geschehnis, welches auf den Entschluß einer anderen Person zurückzuführen ist, problematisch. Hier ist nicht mehr der Wille des Täters, sondern der des Zweiten für den Eintritt der Rechts- bzw. Rechtsgüterverletzung bestimmend[11].

Ich halte es daher für richtig, das bezeichnete — rechtsphilosophisch begründete — Prinzip bei einer Lösung der Problemfälle zu berücksichtigen[12].

(2) Die Rechtswerte der Selbstbestimmung bzw. -verantwortung

Für eine Haftungsfreistellung könnten ferner die Rechtswerte der Selbstbestimmung bzw. -verantwortung[13] sprechen[14]. Es ist zu beden-

---

[9] Vgl. Larenz, Tatzurechnung, 1009 (l. Sp.): „Das Urteil (gemeint ist die Entscheidung des LG Düsseldorf vom 8. 3. 1955 — Verf.) wirkt, wie ich feststellen konnte, auf jeden, der es hört, zunächst verblüffend. Wie kann man denn, so wird gesagt, den Fahrer für etwas verantwortlich machen, was ohne daß er selbst daran beteiligt war oder es auch nur (nachdem der Unfall einmal geschehen war) hätte hindern können, andere aus eigenem Antrieb und Entschluß getan haben."
[10] Larenz, etwa in Hegels Zurechnungslehre, 66; vgl. auch Deutsch, Zurechnung, 34.
[11] Vgl. für das Strafrecht Roxin, 48 (Der Zweite „entscheidet, ob die Tat zum Erfolg führt, er nimmt die zentrale Stellung ein und drängt die anderen, die nur über ihn auf den Erfolg hinwirken können, an die Peripherie.").
[12] Zweifelnd Hübner, Schadenszurechnung, 69.

ken, daß jedes Einstehenmüssen für einen deliktischen Erfolg auf der Kehrseite die Verpflichtung zu seiner Verhinderung bedeutet[15]. Die Haftung des Ersten kann daher die Anerkennung einer Pflicht bedingen, fremden Willensbildungen vorzubeugen. Es werden Verkehrspflichten statuiert, andere Normadressaten nicht zu verletzendem Tun zu motivieren. Auf diese Weise ist der Erste gehalten, das Vorfeld fremder Entscheidungen zu manipulieren. Im weitesten Sinne wird ihm ein „Wächteramt" über mögliche Zweitverursacher übertragen. Jene sollen auf Situationen treffen, die vom Ersten gleichsam „entschärft" wurden. So bestimmt dieser das Fremdhandeln mit — eine Konsequenz, die mit den Werten der Selbstbestimmung bzw. -verantwortung kollidieren könnte.

Dem Konflikt könnte freilich mit einem Blick auf das Gesamtgefüge der Rechtsordnung zu widersprechen sein. Auch der Zweite, der durch das „Wächteramt" des Ersten möglicherweise beeinträchtigt wird, ist ein potentieller Erstverursacher. Er kann ebenso vor die Aufgabe gestellt sein, Fremdentschlüsse zu verhindern. In der Summe geht mit dem Verlust an ausschließlicher Eigenbestimmung stets ein Gewinn an Fremdbestimmung einher. Man könnte daher meinen, selbstbestimmtes und -verantwortetes Verhalten sei nach wie vor in vollem Umfange möglich, jedoch verstärkt auf die Verhinderung fremden Tuns gerichtet. Die Frage nach der Beeinträchtigung der bezeichneten Werte läuft mithin darauf hinaus, ob sich die Forderungen nach Selbst- und nach ausschließlicher Eigenbestimmung decken. Mir scheint, daß dies zutrifft. Nach der Verkehrsauffassung sind beide Postulate miteinander verknüpft. Die selbstbestimmte und -verantwortete Entscheidung ist aus rechtsethischer Sicht auf die Freiheit von Fremdbestimmung und -verantwortung gerichtet. Diese grundsätzliche Wertung der Rechtsgemeinschaft läßt sich an einem Beispiel ablesen. Man stelle sich vor, ein kränkelnder Büroangestellter wird von seinen Kollegen aufgefordert, am Betriebssport teilzunehmen. Tut er dies und erleidet er auf Grund der physischen Überanstrengung einen Gesundheitsschaden, so kann er keinesfalls seine Kollegen auf Schadensersatz in Anspruch neh-

---

[13] Der Große Senat des BGH in Strafsachen (BGHSt 2, 200) hat zur Klärung der Begriffe ausgeführt, daß „der Mensch auf freie, verantwortliche, sittliche Selbstbestimmung angelegt und deshalb befähigt ist, sich für das Recht und gegen das Unrecht zu entscheiden, sein Verhalten nach den Normen des rechtlichen Sollens einzurichten und das rechtlich Verbotene zu vermeiden, sobald er die sittliche Reife erlangt hat und solange die Anlage zur freien sittlichen Selbstbestimmung nicht durch die in § 51 StGB genannten krankhaften Vorgänge gelähmt oder auf Dauer zerstört ist", vgl. dazu Henkel, 3 ff.
[14] Diesen Aspekt heben hervor Reinecke, bes. 102, 146; Haberhausen, 1309. Vgl. auch Kollhosser, 512, Anm. 7; Martens, 744 (r. Sp.).
[15] Stoll, Unrechtstypen, 209 f.; ders., Kausalzusammenhang, 13; Münzberg, 9, 50, 171; Hanau, 93.

men[16]. Das läßt sich vordergründig auf die Erwägung stützen, jene hätten sich „sozialadäquat"[17] verhalten; man könnte auch sagen, der Verletzte habe „auf eigene Gefahr"[18] gehandelt oder es habe sich dessen „allgemeines Lebensrisiko"[19] verwirklicht. All dies sind jedoch nur Umschreibungen des Ergebnisses, dessen tiefere Gründe jedenfalls auch rechtsethischer Natur sind. Der Entschluß zur Teilnahme am Betriebssport ist selbstbestimmt — mit der Folge, daß eine Fremdbestimmung und damit eine Fremdverantwortung entfällt.

Festzuhalten ist demnach, daß die Werte der Selbstbestimmung und -verantwortung im oben beschriebenen Sinne eine Einschränkung der Fremdverantwortlichkeit fordern.

(3) Das Interesse am Handlungsspielraum des Einzelnen

Neben dem Interesse am Rechtsgüterschutz hat das Deliktsrecht auch das Anliegen an einem ausreichenden Handlungsspielraum zu berücksichtigen, den der Einzelne zur Entfaltung seiner Persönlichkeit benötigt[20, 21]. Auch dieser — rechtspolitische — Aspekt ist in der Tendenz gegen die Haftung für fremdes Tun gerichtet. Zwar richtet sich die Bewegungsfreiheit des Einzelnen in erster Linie nach der sozialen Wirklichkeit. Das Aufeinanderrücken der Normadressaten in sämtlichen Lebensbereichen mag auch eine erhöhte Pflicht zur Rücksichtnahme bedingen, mithin den Freiraum des Einzelnen einengen[22]. Es muß aber bedacht werden, daß die Zahl der Verkehrspflichten zur Verhinderung einschlägiger Verletzungserfolge nicht durchgängig dem steigenden Schadensrisiko angeglichen werden kann. Wie anhand des Fallmaterials noch deutlich wird, ist es schlechterdings unmöglich, jedwedes Fehlverhalten anderer zu berücksichtigen. Das Maß der dem Einzelnen noch zumutbaren Umsicht muß in jedem Fall respektiert werden.

---

[16] Vgl. auch den bei Thalheim, 90 f., 99 ff. besprochenen Fall, bei dem der kranke B der Einladung des A zu einem Festessen folgt, reichlich ißt und übermäßig trinkt, einen Schlaganfall erleidet und später den A verantwortlich macht.
[17] Vgl. B.II.4.b).
[18] Siehe unten C.II.4.a) bb) (1).
[19] Siehe unten C.II.4.a) bb) (2) (e), Fußn. 76.
[20] Vgl. etwa v. Caemmerer, Kausalzusammenhang, 6, 17.
[21] Die Erhaltung der „Unternehmungsfreudigkeit und Bewegungsfreiheit" wurde schon um die Jahrhundertwende als ein ordnungspolitisches Anliegen empfunden und ist möglicherweise ein Grund für die Regelung der Verschuldenshaftung; vgl. Deutsch, Zurechnung, 41; Hübner, Schadenszurechnung, 71 f.
[22] Vgl. Kollhosser, 512.

cc) *Zusammenfassung*

Für eine weitgehende Fremdhaftung spricht das Interesse der Rechtsgemeinschaft an der Erhaltung der geschützten Rechte und Rechtsgüter. Gegen die Fremdhaftung lassen sich anführen:

(1) das Prinzip der Beherrschbarkeit des zu verantwortenden Geschehensablaufes,

(2) die Postulate der Selbstbestimmung bzw. -verantwortung

(3) und das Interesse der Gemeinschaft an der Erhaltung eines ausreichenden Handlungsspielraumes für den Einzelnen.

b) Die Reichweite der grundlegenden Aspekte

Es stellt sich die Frage, ob das Kräftespiel der grundlegenden Aspekte stets die gleiche Form besitzt oder ob die aufgezeigten Rechtswerte, Rechtsprinzipien und Interessen jeweils nur hinsichtlich bestimmter Sachverhaltskonstellationen beachtlich sind.

aa) *Aspekte mit unbegrenzter Reichweite*

Das Erhaltungsinteresse ist für das gesamte Fallmaterial maßgeblich. Gleiches gilt für das ordnungspolitische Anliegen an der Erhaltung eines ausreichenden Handlungsspielraumes. Sämtliche Problemfälle sind damit durch die Kollision beider Interessen gekennzeichnet[23].

bb) *Aspekte mit begrenzter Reichweite*

(1) Das Prinzip der Beherrschbarkeit
des zu verantwortenden Geschehensablaufes

Das Prinzip der Beherrschbarkeit des zu verantwortenden Geschehensablaufes ist zugunsten einer Haftungsfreistellung heranzuziehen, wenn der Verletzungserfolg außerhalb der Einflußsphäre des Ersten angesiedelt ist. Daraus folgt, daß das Prinzip sowohl die Freistellung des Vor- als auch die des Nebentäters fordern kann. Liegt die Fremdtat — wie bei der psychisch vermittelten Kausalität — zwischen der Ersthandlung und dem Verletzungserfolg, so kann sie gewissermaßen eine Barriere darstellen, die den Machtbereich des Täters begrenzt. Ist der Erfolg nur durch das Aufeinandertreffen mehrerer Kausalreihen möglich, so vereinigen sich in ihm die Auswirkungen der einzelnen Handlungen. Die volle Ausgleichspflicht des Täters kann dazu führen,

---

[23] Vgl. auch Deutsch, Zurechnung, 39, der vom „grundsätzlichen Widerstreit der Interessen am Fortbestand der Rechtsgüter ... und an der Freiheit zum Handeln" spricht.

II. Die eigene Konzeption

daß dieser für das unbeherrschbare Tun des jeweils anderen miteinzustehen hat.

Freilich ist diese rechtsphilosophische Betrachtungsweise nicht durchgängig angemessen. Es ist denkbar, daß die Willenssphäre des Ersten die Zweittat und damit den Verletzungserfolg umspannt, mithin eine Haftungsfreistellung nicht auf das genannte Rechtsprinzip gestützt werden kann. Davon muß zunächst ausgegangen werden, wenn die Fremdperson außerstande ist, vom drohenden Verletzungserfolg Kenntnis zu nehmen. So liegt der Fall, in dem der Apotheker seinem Kunden ein tödlich wirkendes Gift verkauft und dieser es an seine Frau weitergibt[24]. Um eine solche Sachlage handelt es sich ferner, wenn die Fremdperson die Risiken ihres Verhaltens zwar erkennen, sie jedoch infolge Zwangseinwirkung nicht verhindern kann. Man denke an einen Sachverhalt, in dem ein bewaffneter Einbrecher den Ehemann zwingt, seine kranke Frau zu knebeln und sie auf diese Weise gesundheitlich zu schädigen. Bei beiden Varianten, d. h. bei der fehlenden Erkennbarkeit des Erfolges durch den Zweiten und beim zwangsweisen Fremdhandeln läßt sich — unter Berücksichtigung der obigen Feststellungen[25] — von einer „unfreien" Zweittat sprechen. Hier entfällt eine Zurechnung des Erfolges zum Willen des Zweiten. Unter rechtsphilosophischem Aspekt ist der Fremdentschluß bedeutungslos. Er ist mithin wie ein natürlicher Kausalfaktor zu betrachten und liegt im Einflußbereich des Täters. Diese Feststellung gilt nicht nur für die Fallstruktur der psychisch vermittelten Kausalität, durch die die genannten Beispiele gekennzeichnet sind. Sie bezieht sich auch auf die Konstellationen unfreier Nebentaten. Um einen solchen Fall handelt es sich etwa, wenn ein Busfahrer die vom Statiker falsch berechnete Brücke befährt, diese einstürzt und die Fahrgäste zu Schaden kommen. Die Haftung des Statikers ist jedenfalls angesichts des bezeichneten Prinzips unproblematisch.

In gleichem Sinne wie die Fälle „unfreier" Folge- oder Nebentaten sind all jene Sachverhalte zu bewerten, in denen das Zweithandeln im Rahmen eines faktischen Machtverhältnisses erfolgt, hinsichtlich dessen der Erstverursacher als dominierend erscheint[26]. Ein Beispiel ist der Fall des Sohnes, der seinen altersschwachen Vater über die vielbelebte Straße schickt[27]. Hier ergibt sich die tatsächliche Beeinflußbarkeit des Fremdhandelns aus dem familiären Band der Beteiligten. Sie kann ih-

---

[24] Siehe oben A.II.1.a) aa).
[25] C.I.6.
[26] Es ist das Wort Reineckes, 91 f., aufzugreifen, daß „Herrschaftsverhältnisse" einer Person über fremde „Willensmacht" in die „Verantwortungsmaterie" gehören. Vgl. auch Martens, 745 (r. Sp.).
[27] Siehe oben B.II.1.a) bb).

ren Ursprung jedoch auch in einer anderen Beziehung haben. Derartige Fälle, auf die noch zurückzukommen sein wird, sind in der Regel durch eine psychisch vermittelte Kausalität bestimmt. Denkbar ist allerdings auch, daß die dominierende Person zum Nebentäter wird. Man stelle sich vor, auf dem Gelände einer Fahrschule stoßen der Fahrlehrer und einer seiner Schüler zusammen. Der daraus resultierende Erfolg ist insgesamt dem Machtbereich des Lehrers zuzurechnen[28].

(2) Die Rechtswerte der Selbstbestimmung bzw. -verantwortung

Die Rechtswerte der Selbstbestimmung bzw. -verantwortung werden durch die Haftung des Ersten nur dann beeinträchtigt, wenn diesem ein „Wächteramt" über den Zweiten übertragen wird und ein solches rechtsethische Bedenken hervorruft.

Unter diesem Aspekt ist zwischen beiden Kausalmustern zu differenzieren. Die Feststellung der Verantwortlichkeit bedingt die Statuierung eines „Wächteramts" ausschließlich in den Fällen psychisch vermittelter Kausalität. Nur der Vortäter ist zur Beeinflussung fremder Entscheidungen gehalten. Grundlegend anders stellt sich die Haftung beim Aufeinandertreffen mehrerer Geschehensabläufe dar. Hier zielen die Verkehrspflichten nicht auf die Verhinderung fremder Willensbildungen ab, sie sind vielmehr darauf gerichtet, den schädlichen Auswirkungen des Fehlverhaltens fremder Personen entgegenzuwirken. Das sei an einem Beispiel verdeutlicht. Man stelle sich vor, zwei Autofahrer steuern aus entgegengesetzten Richtungen ihre Fahrzeuge leichtsinnig in eine Kurve. Dort kollidieren sie und verletzen einen am Straßenrand stehenden Passanten[29]. Zu dem Unfall wäre es nicht gekommen, wenn einer der beiden vorsichtig gefahren wäre. Sind die Fahrer für das Geschehnis ausgleichspflichtig, so ist damit nicht gesagt, daß sie die Verkehrswidrigkeit des jeweils anderen verhindern mußten. Ihre Pflichtstellung beschränkt sich darauf, die Kollision und damit den Verletzungserfolg abzuwenden.

Das „Wächteramt" des Ersten über den Zweiten wirft indessen auch in den Fällen psychisch vermittelter Kausalität nicht ausnahmslos rechtsethische Probleme auf. Diese entfallen bei einem unfreien Zweithandeln. Wenn die Folge dem Verantwortungsbereich der Fremdperson nicht zuzurechnen ist, ist der bezeichnete Konflikt mit den Werten der Selbstbestimmung bzw. -verantwortung ausgeschlossen. Unbedenklich ist die Haftung des Ersten ferner, wenn der Zweite in seiner Fähigkeit zum verkehrsrichtigen Verhalten erheblich beeinträchtigt ist. Regelmäßig wird es sich dabei um Sachverhalte handeln, in denen der Folge-

---

[28] Derartig strukturierte Sachverhalte werden freilich nicht allzu häufig sein.
[29] Vgl. Rother, Adäquanztheorie, 179 (r. Sp.).

täter wegen seines jugendlichen oder fortgeschrittenen Alters zur Umsicht noch nicht bzw. nicht mehr geeignet ist. Als Beispiel mag abermals der Sohn-Vater-Fall dienen. Die Postulate der Selbstbestimmung bzw. -verantwortung sind nur dort beachtlich, wo eine prinzipielle Gleichwertigkeit von Entschlüssen gewährleistet ist.

cc) *Folgerungen*

Nach den obigen Feststellungen sind die Fälle der psychisch vermittelten Kausalität in zwei Gruppen zu unterteilen. Die eine besteht zunächst aus den Sachverhalten *unfreier* Folgetaten. Ferner sind ihr solche Konstellationen zuzurechnen, in denen der Fremde im Rahmen einer vom Täter faktisch beherrschten Sphäre handelt und er zur Wahrung der verkehrserforderlichen Sorgfalt nicht hinreichend fähig ist. Ein Fall, in dem beide Merkmale kumulieren, ist das Sohn-Vater-Beispiel. Derartige Zweittaten sollen im folgenden als *subordiniert* bezeichnet werden. Den Sachverhalten unfreier und subordinierter Folgetaten ist gemeinsam, daß sie grundlegend durch die Kollision der Interessen an der Erhaltung der geschützten Rechte bzw. Rechtsgüter und eines ausreichenden Handlungsspielraumes bestimmt sind. Die andere Kategorie besteht aus den Fällen des *freien* und *nicht subordinierten* Fremdhandelns. Blickt man auf das Kräftespiel dieser Fallgruppe, so ist ein Zuwachs derjenigen Aspekte erkennbar, die für eine Haftungsfreistellung sprechen. Neben dem Interesse an der Erhaltung des Handlungsspielraumes fordern hier das Prinzip der Beherrschbarkeit des zu verantwortenden Geschehensablaufes und die Rechtswerte der Selbstbestimmung bzw. -verantwortung Beachtung, sei es einzeln oder gemeinsam.

Ebenso ist beim Fallmuster des Aufeinandertreffens mehrerer Geschehensabläufe eine Aufgliederung der Sachverhalte erforderlich. Vom gleichen Kräftespiel wie die Fälle unfreier und subordinierter Folgetaten sind die Sachverhalte unfreier und tatsächlich beherrschbarer Nebentaten gekennzeichnet. Im übrigen ergibt sich auch hier eine Kontrastellung zwischen dem Erhaltungsinteresse auf der einen und dem Anliegen am Handlungsspielraum sowie dem rechtsphilosophischen Prinzip auf der anderen Seite.

2. Die gesetzgeberischen Wertungen

Es sei nunmehr etwaigen gesetzgeberischen Wertungen im Hinblick auf die Entscheidung der Problemfälle nachgegangen. Zu diesem Zweck seien die §§ 830 I 1, II, 831, 832, 840 I und 254 überprüft.

a) Die Vorschrift des § 830 I 1, II[1]

In § 830 I 1, II ist geregelt, daß ein Mittäter, Anstifter oder Gehilfe für den gesamten Schaden verantwortlich ist, der sich aus der Gemeinschaftstat ergibt. Zwar gehören die damit erfaßten Sachverhalte nicht dem einschlägigen Fallmaterial an[2], gleichwohl handelt es sich bei einer Mittäterschaft und einer Beihilfe vielfach um eine psychisch vermittelte Kausalverknüpfung[3], bei der Anstiftung sogar per definitionem um eine solche. Indem der Gesetzgeber die Haftung für eine fremde Vorsatztat von einem bewußten Zusammenwirken der Beteiligten abhängig gemacht hat, könnte er zu erkennen gegeben haben, daß er im übrigen eine Zurechnung des vorsätzlichen Tuns anderer Personen grundsätzlich ausschließt[4].

Der Schluß ist fragwürdig, wenn § 830 I 1, II keine Entscheidung des Gesetzgebers über die Haftungsbegründung, sondern über den Haftungsumfang enthält[5]. Zu bedenken ist nämlich, daß die Vorschrift nicht die Einstandspflicht für einen Verletzungs-, sondern für einen Schadenserfolg betrifft. Man könnte daraus ableiten, daß sich die Haftung eines psychisch kausalen Teilnehmers bereits aus § 823 I ergibt, während mit § 830 I 1, II lediglich das Ausmaß der Ersatzpflicht erweitert wird, und zwar auf solche Schäden, die nicht der Handelnde selbst, sondern die übrigen Beteiligten vorsätzlich verursacht haben. Das aber trifft nicht zu. So weist etwa Bydlinski nach, daß gem. § 830 II ein Gehilfe ausgleichspflichtig ist, der keine Ursache für irgendeine Rechts- oder Rechtsgüterbeeinträchtigung des Geschädigten gesetzt hat, mithin nach § 823 I überhaupt nicht haftet[6]. Für derartige Fälle hat § 830 I 1, II ebenso haftungsbegründenden wie -ausfüllenden Charakter. Der bezeichneten Deutung steht ferner entgegen, daß gem. § 830 II auch der Anstifter für den Gesamtschaden verantwortlich ist. Es ist zu berücksichtigen, daß die Rechtsfolge des § 830 II 1. Alt. schon aus § 823 I abzuleiten wäre, wenn diese Vorschrift die Haftung für fremden Vorsatz eröffnete. Der Anstifter ist — wie erwähnt — denknotwendig kausal für das gesamte Folgegeschehen; mithin wäre eine „Haftungsumfang-

---

[1] Die Regelung des § 830 I 2 soll vorliegend unberücksichtigt bleiben. Aus ihr kann lediglich gefolgert werden, daß der Gesetzgeber keine Pflichten statuieren wollte, die aus einem gemeinschaftlichen Verhalten (z. B. dem Raufhandel) fließenden Gefahren abzuwenden; vgl. dazu Kollhosser, 512 f.

[2] Siehe oben A.I.

[3] Vgl. Bydlinski, Mittäterschaft, 412.

[4] So Rother, Adäquanztheorie, 179 (r. Sp.); Keuck, 183 f. (mN); Kollhosser, 512, Anm. 7.

[5] In diesem Sinne wird die Vorschrift etwa von Esser, Lehrbuch, 2. Auflage, § 207, 1 (902), verstanden; vgl. dazu Kollhosser, 512, Anm. 7.

[6] Bydlinski, Mittäterschaft, bes. 417 ff.

II. Die eigene Konzeption

entscheidung"[7] überflüssig. Demgegenüber hielt es der Gesetzgeber für erforderlich, die Einstandspflicht des Anstifters ausdrücklich anzuordnen. Daraus ist zwingend zu folgern, daß er die Vorstellung von einem begrenzten Anwendungsbereich des § 823 I besaß[8]. Er muß davon ausgegangen sein, daß eine Haftung für fremde Vorsatztaten der allgemeinen Deliktsnorm nicht zu entnehmen ist[9].

b) Die Vorschriften der §§ 831 und 832

Die §§ 831 und 832 bestimmen, daß der Geschäftsherr bzw. der Aufsichtspflichtige für das Handeln der ihnen unterstehenden Personen unter bestimmten Voraussetzungen verantwortlich sind. Die dort geregelten Sachverhalte gehören dem problematischen Fallmaterial an. Sie sind durch das fahrlässige Fördern fremder Delikte gekennzeichnet[10]. Die fehlerhafte Auswahl bzw. Überwachung erscheint als Erst-, die daraus resultierende Verletzungshandlung als Zweittat. Beide Vorschriften könnten ebenfalls erkennen lassen, daß der Gesetzgeber einen Großteil der Problemfälle nicht durch die Norm des § 823 I erfaßt sah. Bei einer entsprechend weiten Auslegung des § 823 I wären der Geschäftsherr und der Aufsichtspflichtige schon auf Grund dieser Vorschrift haftpflichtig und weitere haftungsbegründende Vorschriften überflüssig. Aus den §§ 831 und 832 könnte daher geschlossen werden, daß nicht nur die Haftung für fremde Vorsatztaten, sondern insgesamt für Fremddelikte ausgeschlossen sein sollte[11]; denn der Gesetzgeber hielt es für erforderlich, die Einstandspflicht des Geschäftsherrn bzw. Aufsichtspflichten auch im Hinblick auf fahrlässiges Zweithandeln anzuordnen[12].

Demgegenüber könnte angeführt werden, daß sich die ratio der §§ 831 und 832 auf die Beweislastumkehr beschränkt, also nicht auf eine

---

[7] Esser, Lehrbuch, 2. Auflage, § 207, 1 (902).

[8] Vgl. Keuck, 184: „Die Tatsache, daß das Handeln eines jeden Täters für den Schadenseintritt kausal war, erschien offensichtlich nicht als ausreichende Rechtfertigung für die Statuierung der vollen Verantwortlichkeit eines jeden."

[9] Und zwar gilt dies nicht nur im Hinblick auf die Fallstruktur der psychisch vermittelten Kausalität, sondern auch auf die des Aufeinandertreffens mehrerer Geschehensabläufe. In diesem Sinne auch Keuck, 183 ff.

[10] Es trifft nicht zu, wenn Bydlinski, Schadensverursachung, 18, meint, bei der Haftung für Gehilfen stehe der Ersatzpflichtige nicht für eigenes schadenskausales Verhalten ein, sondern für seine Sphäre. § 831 knüpft an eine fahrlässige Handlung des Geschäftsherrn an.

[11] So Kollhosser, 511 f.

[12] Deshalb überzeugt es nicht, wenn Haberhausen, 1309 f., aus § 831 eine Haftungsgrenze lediglich im Hinblick auf die Zurechnung fremder Vorsatztaten ableitet.

Erweiterung der deliktischen Zurechnung gerichtet ist[13]. Dieser Deutung ist jedoch angesichts der Entstehungsgeschichte der Normen zu widersprechen. Ursprünglich sollten beide Vorschriften ohne die Verschuldensvermutung gefaßt werden; letztere wurde erst im Laufe der Beratungen eingeführt[14]. Mithin hielt es der Gesetzgeber für notwendig, der allgemeinen Deliktsnorm Vorschriften hinzuzufügen, die — im Gegensatz zu jener — die Haftung für ein fremdes Verschulden begründen. Dafür spricht überdies, daß nach der Vorstellung des Gesetzgebers die Rechtswidrigkeit iSd § 823 I durch die Tatbestandsmäßigkeit indiziert sein sollte[15], während mit den §§ 831 und 832 konkrete Verhaltenspflichten statuiert worden sind[16]. Der Gesetzgeber glaubte offenbar, mit der allgemeinen Pflicht zur Verhinderung der in § 823 I umschriebenen Verletzungserfolge die Problemfälle — jedenfalls soweit sie die Haftung für fremdes Unrecht betreffen — nicht erfassen zu können.

Die §§ 831 und 832 können somit im bezeichneten Sinn herangezogen werden. Den Vorschriften kann überdies eine weitere Wertung entnommen werden, die mit der Feststellung über das grundsätzliche Kräftespiel der Problemfälle in Einklang steht. Das Handeln des Verrichtungsgehilfen iSd § 831 bzw. der zu beaufsichtigenden Person wird vielfach[17] vom Pflichtigen beeinflußbar sein und sich als ungleichwertig darstellen. Indem der Gesetzgeber die Haftung für ein solchermaßen subordiniertes Zweithandeln anordnete, trug er der Besonderheit einer solchen Konstellation Rechnung[18].

c) Die Vorschrift des § 840 I

§ 840 I ordnet die gesamtschuldnerische Haftung an, wenn mehrere Personen für einen Schadenserfolg verantwortlich sind. Es fragt sich, ob der Vorschrift — wie Dunz meint[19] — der Gedanke zu entnehmen ist, fremde Unrechtshandlungen seien gegenüber anderen Kausalfaktoren „nicht allgemein privilegiert"[20].

Zur Überprüfung dieser — den soeben vermittelten Erkenntnissen scheinbar widersprechenden — Annahme ist es notwendig, die Kon-

---

[13] In diesem Sinne deutet Jakobs, 1063, die Vorschrift des § 831; Dieser sei ein durch die Beweislastverschiebung veränderter § 823. Dagegen Weitnauer, Aktuelle Fragen, 594.
[14] Mugdan, 410 ff., 1088 ff. Vgl. Kollhosser, 511 f.
[15] Diese Auffassung ist zu korrigieren, vgl. oben B.II.4.b).
[16] Mugdan, aaO: Der Gesetzgeber stellt ausdrücklich auf die Verletzung von Aufsichtspflichten ab (z. B.: 410 f., 1089). Vgl. auch: Weitnauer, Aktuelle Fragen, 594.
[17] Vgl. zur Ausnahme C.II.4.a) bb) (2) (f).
[18] Vgl. dazu Kollhosser, 512 (l. Sp.).
[19] Siehe oben C.I.3.
[20] Dunz, Fremde Unrechtshandlungen, 137 (r. Sp.).

II. Die eigene Konzeption

stellationen herauszufinden, für die nach dem Willen des Gesetzgebers § 840 I geschaffen wurde. Dies sind zunächst die Fälle des § 830[21], also nicht die Problemfälle. Der Gesetzgeber wollte § 840 aber auch angewendet wissen, „wenn im Fall eines von mehreren verschuldeten Schadens diese mehreren nicht gemeinsam gehandelt haben, der Anteil des Einzelnen am Schaden aber nicht zu ermitteln ist"[22]. Mit diesem Satz ist in der Tat ein Teil des einschlägigen Fallmaterials umschrieben, und zwar das Kausalmuster des Aufeinandertreffens mehrerer Geschehensabläufe. Es fragt sich nun, ob das wirklich auf einen Widerspruch zu den gesetzgeberischen Wertungen hindeutet, die den §§ 830 I 1, II, 831 und 832 entnommen wurden, ob also der Gesetzgeber davon ausging, die Haftung des Nebentäters für den gesamten Erfolg und damit die teilweise Verantwortlichkeit für fremdes Unrecht sei auf § 823 I zu stützen. Die Antwort darauf gibt Keuck[23]. Sie hat herausgefunden, daß § 840 I nur augenscheinlich eine Vorschrift ist, die an eine bestehende Verantwortlichkeit anknüpft und diese zur Gesamtschuld bestimmt. In Wahrheit wollte der Gesetzgeber mit § 840 I die Haftung des einzelnen Nebentäters für den gesamten Schaden begründen[24] — weil sie sich seiner Vorstellung nach nicht aus § 823 I ergibt. Ausgangspunkt der gesetzgeberischen Intentionen ist die Fallkonstellation, bei der mehrere Nebentäter die Rechtsgüter des Geschädigten auf unterscheidbare Weise beeinträchtigen. Als Beispiel mag etwa ein Fall dienen, in dem zwei Autofahrer einen dritten PKW von verschiedenen Seiten anfahren und dabei jeweils eine Außentür beschädigen. Jeder von ihnen hat hier den allein verursachten Schaden zu ersetzen. Ist nun der Anteil des Einzelnen an der Unfallfolge nicht zu ermitteln, ist aber andererseits eine Haftung für fremdes Unrecht nicht aus § 823 I abzuleiten, so ist der Verletzte benachteiligt. Man stelle sich vor, daß das beidseitige Auffahren zu einer völligen Zerstörung des Drittfahrzeuges führt. In einem solchen Fall steht fest, daß die Verantwortlichkeit eines Nebentäters für den gesamten Schaden teilweise eine solche für das Unrechtshandeln des jeweils anderen ist[25]. Da der Geschädigte den Anteil des Einzelnen am Schaden nicht ermitteln kann, könnte er gegen keinen Verursacher Ausgleichsansprüche geltend machen; denn er müßte nach allgemeinen Grundsätzen den vom Einzelnen verursachten Schaden beziffern. Diese Sachlage hat den Gesetzgeber veranlaßt, den einzel-

---

[21] Mugdan, 412.
[22] Mugdan, aaO.
[23] Keuck, 183 ff. mN.
[24] So auch Weckerle, 96. Dagegen Brambring, 55, der meint, bei einer solchen Sicht sei die Vorschrift des § 830 I 1 überflüssig. Das überzeugt nicht; § 830 I 1 erweitert die deliktische Haftung für den Mit-, § 840 für den Nebentäter.
[25] Vgl. oben A.II.1.a) bb).

nen Nebentäter für den gesamten Schaden einstehen zu lassen, d. h. also mit § 840 I die sich aus § 823 I ergebende Verantwortlichkeit zu erweitern[26]. Der Dunzschen Annahme ist somit teilweise beizupflichten. Im Hinblick auf das Fallmuster des Aufeinandertreffens mehrerer Geschehensabläufe ist eine Wertung des Gesetzgebers gegen eine Haftungsfreistellung des Ersten ersichtlich.

d) Die Vorschrift des § 254

Nach § 254 mindert sich der Ersatzanspruch, wenn der Geschädigte zu dem vom Täter verursachten Schaden in einer bestimmten Weise beigetragen hat. Wie die §§ 830 I 1, II, 831, 832 und 840 regelt diese Vorschrift ebenfalls die Einstandspflicht mehrerer für eine Folge, wobei sich ihr Anwendungsbereich allerdings auf Zweipersonenverhältnisse beschränkt. Zu bedenken ist, daß das Mitverschulden wohl in den meisten Fällen dem Täterverhalten nachfolgt[27]. Damit erscheint der Täter als Erst-, der Geschädigte als Zweitverursacher[28],[29]. Voraussetzung für das Eingreifen des § 254 ist nun, daß der Täter dem Grunde nach verantwortlich ist. Der Gesetzgeber hat damit zu erkennen gegeben, daß er trotz des mitwirkenden Zweithandelns vom Bestehen des Haf-

---

[26] Keuck, 185, zitiert aus dem Vorentwurf v. Kübels: „Wird ... eine widerrechtliche Beschädigung durch das nicht beabsichtigte, nur zufällige Zusammenwirken Mehrerer zu einem und demselben Erfolg herbeigeführt, so liegt, wenn sich ermitteln läßt, welcher Anteil des Schadens durch die Handlung des Einzelnen herbeigeführt worden ist, kein Grund vor, von der allgemeinen Regel abzuweichen, daß jeder nur für denjenigen Schaden haftet, den er schuldvollerweise verursacht hat. Nur wenn sich der Anteil des Einzelnen an dem durch das zufällige Zusammenwirken Mehrerer entstandenen Schaden nicht ermitteln läßt, bedarf es zum Schutze des Beschädigten einer besonderen Bestimmung, da dieser sonst in Gefahr stände, ungeachtet der Gewißheit, daß jeder Einzelne eine beschädigende Handlung vorgenommen und durch dieselbe zur Herbeiführung des Gesamtschadens beigetragen hat, wegen mangelnden Beweises des Umfanges des von dem Einzelnen verursachten Schadens überhaupt zu keinem Ersatz desselben zu gelangen. Diese Bestimmung hat der Entwurf im Anschluß an das bestehende Recht dahin getroffen, daß in gedachtem Falle allen Teilnehmern an dem schadenbringenden Erfolge die Verpflichtung, als Gesamtschuldner zu haften, auferlegt wird, und es rechtfertigt sich dieses durch die Rücksicht auf den Beschädigten, dessen Schutz nur durch eine durchgreifende Bestimmung sich ermöglichen läßt."

[27] Ein Beispiel ist etwa der Fall, in dem der Streupflichtige seiner Aufgabe nicht nachkommt, ein Passant den ungestreuten Gehweg betritt, nicht aufpaßt und ausrutscht; vgl. RG v. 17. 3. 1919 und v. 16. 1. 1928 (RGZ 95, 154 ff. und JW 1928, 1046), ferner: Stoll, Handeln, 87.

[28] Vgl. Rother, Adäquanztheorie, 181 (r. Sp.).

[29] Bis auf die Regelung des § 254 II 1 (2. Alt.) ist das mitwirkende Verschulden (d. h. die Zweithandlung) im haftungsbegründenden Kausalablauf angesiedelt. Eine Verletzung der Schadensabwendungs- oder minderungspflicht ist dagegen nur möglich, wenn bereits eine Primärverletzung erfolgt ist.

II. Die eigene Konzeption

tungsgrundes ausging[30]. Es stellt sich die Frage, ob und gegebenenfalls wie § 254 die Entscheidung der Problemfälle zu beeinflussen vermag.

Von Bedeutung ist die Entstehungsgeschichte der Vorschrift. Die Vorgängerin der Norm war im gemeinen Recht die Culpa-Kompensation[31]. Nach ihr schloß jedes Mitverschulden des Verletzten — so gering es auch sein mochte — dessen Ersatzanspruch aus. Obgleich in rechtstechnischer Hinsicht nicht der Haftungsgrund, sondern allein dessen Rechtsfolge ausgeschlossen wurde[32], lief diese Regelung auf eine kategorische Freistellung des Täters bei mitwirkendem Zweithandeln hinaus. Die Culpa-Kompensation bewährte sich nicht. Das starre Alles-oder-Nichts-Prinzip führte oftmals zu unbilligen Ergebnissen. So sah sich der Gesetzgeber veranlaßt, die flexible Lösung der Abwägung des beiderseitigen Verschuldens einzuführen — ohne Frage ein gravierender Rechtsfortschritt[33], den es zu bewahren gilt. Damit aber ist möglicherweise ein Widerspruch zu der den §§ 830 I 1, II, 831 und 832 entnommenen gesetzgeberischen Wertung dargetan, derzufolge der Täter von der Haftung für rechtswidriges Folgeverhalten (gänzlich) freizustellen ist.

Dem könnte man zunächst entgegenhalten, daß die Zweithandlung iSd § 254 keine Unrechtstat sein muß, sondern vielmehr als Außerachtlassung der eigennützlichen Sorgfalt zu kennzeichnen ist[34]. Man könnte meinen, daß der Gesetzgeber zwar die Zurechnung einer rechtswidrigen, nicht aber die einer solchen Folgetat ausschließen wollte, die sich als Verstoß gegen das Eigeninteresse darstellt. Indessen darf nicht verkannt werden, daß das Mitverschulden iSd § 254 sehr häufig mit einer Verkehrspflichtverletzung und damit einer Unrechtstat identisch ist. Es sind eigentlich nur Randfälle, in denen beide auseinanderfallen[35]. Die Skepsis gegenüber einer weitgehenden Haftungsfreistellung, die ihre Wurzel aus der Entwicklungsgeschichte des § 254 zieht, sollte aber

---

[30] So schreibt Esser, Lehrbuch I, § 44 III 2 c (306): „Daß das sog. Selbstverschulden die adäquate Kausalität (und damit den deliktischen Haftungsgrund — Verf.) nicht ohne weiteres ausschließt, bedarf angesichts der eindeutigen Regelung des § 254 keiner näheren Begründung."

[31] Vgl. dazu grundlegend Rother, Haftungsbeschränkung, 30 ff. (mN).

[32] Vgl. Rother, aaO, 30: „Die Entlastung für den Schädiger wird nicht in *seinem* Verhalten ... gesucht", sondern es wird „die Handlungsweise des den Schadensersatzanspruch erhebenden Gläubigers betrachtet".

[33] Vgl. Rother, aaO, 39 f.

[34] Dazu statt vieler Soergel / Reimer / Schmidt, § 254, Rdn. 8 ff.; Palandt / Heinrichs, § 254, 3 a.

[35] Ein solcher Fall liegt etwa der Entscheidung des BGH v. 9. 2. 1965 (NJW 1965, 1075) zu Grunde. Der verletzte Motorradfahrer hatte keinen Sturzhelm getragen. Der BGH hat dies als Mitverschulden iSd § 254 bewertet, obgleich zu jener Zeit das Fahren mit Helmen nicht vorgeschrieben war, mithin der Fahrer keine Verkehrspflichtverletzung begangen hatte.

nicht auf diese Randfälle beschränkt bleiben, sie sollte auch solche Fälle ergreifen, in denen der Erste eine fremde Pflichtverletzung hervorruft und sich diese in einer Selbstschädigung des Zweiten auswirkt.

Man könnte ferner daran denken, die gesetzgeberischen Wertungen der §§ 830 I 1, II, 831 und 832 auf der einen sowie des § 254 auf der anderen Seite in Übereinstimmung zu bringen, indem zwischen Zwei- und Dreipersonenverhältnissen getrennt wird und dabei erstere insgesamt, letztere — wegen § 840 — nur im Hinblick auf das Kausalmuster des Aufeinandertreffens mehrerer Geschehensabläufe im Sinne einer grundsätzlichen Haftung des Täters entschieden werden. Eine solche Differenzierung wird indessen den Eigenarten des Fallmaterials nicht gerecht. Es wurde eingangs schon darauf hingewiesen[36], daß der Erste entweder für eine Zweithandlung mit sämtlichen Risiken einzustehen hat — d. h. unabhängig davon, ob sich diese in einer Verletzung des Zweiten oder eines Dritten realisieren — oder aber sich die Fremdtat überhaupt nicht zurechnen lassen muß. Nicht die Zahl der beteiligten Personen, die oft rein zufälliger Natur ist, ist für die Fallentscheidung maßgeblich, sondern die Verkehrsauffassung über die Reichweite der Verantwortung des Einzelnen.

Ein — wenn auch schwach ausgeprägter — Gegensatz zwischen den gesetzgeberischen Wertungen, die sich in den §§ 830 I 1, II, 831, 832 auf der einen und § 254 auf der anderen Seite niedergeschlagen haben, ist daher festzustellen. Wenn also im folgenden die Vorstellung des Gesetzgebers von der weitgehenden Haftungsfreistellung für verursachtes Fremdunrecht korrigiert werden muß[37], so ist dies auch mit der Entwicklungsgeschichte und dem Motiv des § 254 zu legitimieren, die beide gegen ein unflexibles Lösungsmodell sprechen.

3. Die grundlegenden Aspekte des Problems und die gesetzgeberischen Wertungen — Gegenüberstellung und Konsequenzen

Vergleicht man die Erkenntnisse über die gesetzgeberischen Wertungen mit denen über das Spiel der grundlegenden Kräfte, so ist eine Diskrepanz ersichtlich. Der Gesetzgeber wollte — abgesehen von den durch die §§ 831 und 832 erfaßten Fällen — den Vortäter von der Haftung für fremdes Unrecht freistellen. Andererseits ist nicht ersichtlich, daß er Bedenken gegenüber der Verantwortlichkeit für rechtmäßiges Folgehandeln hatte[1]. Mithin unterteilte er die Sachverhalte psychisch ver-

---

[36] A.II.1.b) bb).

[37] Wofür bereits einige der geschilderten Sachverhalte sprechen, etwa der Jäger-Fall (B.II.1.a) bb)) und das Sohn-Vater-Beispiel (aaO).

[1] Vgl. auch Kollhosser, 512 (l. Sp.), der darauf abhebt, daß eine Haftung „wegen unvorsätzlicher Förderung der Deliktstaten eines anderen" nach der

mittelter Kausalität grundlegend in solche rechtswidrigen und rechtmäßigen Zweithandelns. Anders bewertete er die Fälle der Nebentäterschaft. Hier verzichtete er bewußt auf eine Differenzierung im obigen Sinne. Mit § 840 wollte er die grundsätzliche Haftung des Nebentäters anordnen. Aus der Betrachtung der grundlegenden Aspekte ergibt sich demgegenüber eine andere Aufgliederung des Fallmaterials. Die Sachverhalte psychisch vermittelter Kausalität sind danach in die der unfreien bzw. subordinierten und der freien bzw. gleichgeordneten Folgetaten zu scheiden. Gleiches gilt für das Kausalmuster des Aufeinandertreffens mehrerer Geschehensabläufe.

Es fragt sich, ob und inwieweit die gesetzgeberische Konzeption zu korrigieren ist. Wie festgestellt wurde, ist das Problem der Haftungsfreistellung aus dogmatischer Sicht ein solches der Interpretation des Rechtswidrigkeitsbegriffes[2]. Bei der Auslegung eines Gesetzesmerkmals ist die Vorstellung des Gesetzgebers nicht zwingend. Wenn die Verkehrsauffassung eine andere Deutung fordert, ist dem Rechnung zu tragen[3].

Die erarbeitete Aufgliederung des Fallmaterials berücksichtigt die Rechtswerte, Rechtsprinzipien und Interessen, die die Verkehrsauffassung beherrschen. Indessen folgt daraus nicht notwendig, daß die Konzeption des Gesetzgebers entsprechend abzuändern ist. Das Fallmaterial wurde bislang nur daraufhin gesichtet, durch welche Komponenten das Spiel der grundlegenden Aspekte bestimmt wird. Die Intensität der jeweiligen Rechtswerte, Rechtsprinzipien und Interessen wurde noch nicht berücksichtigt. Es ist denkbar, daß die Besonderheit einer Fallkategorie es erfordert, bestimmte — an sich berechtigte — Bedenken zurückzustellen.

Letzteres gilt für die Fälle der Nebentäterschaft. Grundlegend kollidieren die Interessen an der Erhaltung der geschützten Rechte und Rechtsgüter mit dem Prinzip der Beherrschbarkeit des zu verantwortenden Geschehensablaufes sowie dem Anliegen am Handlungsspielraum. Der vom Gesetzgeber berücksichtigte Aspekt, d. h. die unerträgliche Situation des Geschädigten, zwingt indessen dazu, die rechts-

---

ursprünglichen Gesetzeskonzeption nicht vorgesehen war. — Die Differenzierung zwischen rechtswidrigen und rechtmäßigen Folgetaten hatte freilich für den Gesetzgeber keine große Bedeutung; denn zur damaligen Zeit ging man davon aus, daß der Tatbestand (und damit die Verletzungshandlung) in Ermangelung besonderer Rechtfertigungsgründe als rechtswidrig zu bewerten sei. Bei diesem Verständnis war die Zahl der Rechts- oder Rechtsgüterverletzungen, die nicht rechtswidrig waren, gering.

[2] Genauer: der Bestimmung des Zwecks der Verhaltenspflichten, vgl. B.II. 4.b).

[3] Vgl. grundlegend: Larenz, Methodenlehre, bes. 335 ff.; zum einschlägigen Problem: Kollhosser, 512.

philosophische Sicht, die eine Haftungsfreistellung nahelegt, zu ignorieren. Vor die Wahl gestellt, dem Betroffenen überhaupt keinen Anspruch zuzugestehen oder den Nebentäter für das Fremdunrecht regelmäßig miteinstehen zu lassen, muß die Entscheidung iSd zweiten Alternative ausfallen. Die Fälle sind demnach zu behandeln, als ob sie grundlegend durch den Widerstreit der Interessen an der Rechts- bzw. Rechtsgütererhaltung bzw. am Handlungsspielraum bestimmt werden. Anders formuliert: Das Interesse des Geschädigten an der Erhaltung seiner Rechte bzw. Rechtsgüter ist als so stark zu bewerten, daß das Prinzip der Beherrschbarkeit des zu verantwortenden Geschehensablaufes eine Fallentscheidung nicht zu begründen vermag[4]. Mithin sind die Sachverhalte der Nebentäterschaft nicht zu unterteilen.

Demgegenüber ist die gesetzgeberische Konzeption im Hinblick auf die Fälle psychisch vermittelter Kausalität entsprechend der herausgefundenen Aufteilung der Sachverhalte zu korrigieren. Das gilt zunächst für die Konstellationen subordinierten Folgetuns. Es trifft nicht zu, daß die rechtsphilosophischen und rechtsethischen Bedenken gegenüber der Haftung der dominierenden Person nur in den durch die §§ 831 und 832 erfaßten Sachlagen entfallen. Das Sohn-Vater-Beispiel beweist, daß der Bereich der vom Rechtsanwendenden zu beachtenden Subordinationsverhältnisse weiter ist als der mit den §§ 831 und 832 geregelten Fälle. Es kann sich mithin die Notwendigkeit ergeben, die Verantwortlichkeit des Vortäters für subordiniertes Fremdhandeln (auch) auf § 823 I zu stützen[5, 6]. Ebenso kann es nicht akzeptiert wer-

---

[4] Die h. M. wird dem gerecht, indem sie — allerdings mit anderer Begründung (vgl. Keuck, 175 ff.) — von der grundsätzlichen Haftung des Nebentäters für den gesamten Schaden ausgeht. Vgl. etwa Larenz, Lehrbuch II, § 74 I 1 (507); Esser, Lehrbuch II, § 112 I 1 a (447); Soergel / Zeuner, § 830, Rd 2; Palandt / Thomas, § 830, 1. Vgl. zu den vereinzelt vorzufindenden abweichenden Auffassungen Weckerle, 94 f.

[5] Mit der Folge, daß die Beweislast im Hinblick auf das Täterverschulden dem Geschädigten obliegt.

[6] Die Beziehung des § 823 I auf der einen sowie der §§ 831 und 832 auf der anderen Seite läßt sich im Hinblick auf Subordinationsverhältnisse mithin als die zweier sich schneidender Kreise bezeichnen. Der Bereich, in dem sich beide Kreise überlagern, ist dadurch bestimmt, daß den Voraussetzungen nach sowohl § 823 I als auch §§ 831 und 832 vorliegen, erstere Vorschrift jedoch wegen der besonderen Beweislastregelung der beiden anderen Normen zurücktritt (so zutreffend Jakobs, 1062, l. Sp. — Da die gesetzgeberische Auffassung über das Verhältnis der §§ 823 I und 831 bzw. 832 zu korrigieren ist, ist auch der Einwand Weitnauers, Aktuelle Fragen, 594, unbegründet, wonach den Vorschriften unterschiedliche Unrechtskonzeptionen zu Grunde liegen und sie mithin nicht die gleiche Regelung beinhalten. Vielmehr ist jeder Verstoß gegen die in §§ 831 und 832 statuierten Pflichten zugleich rechtswidrig iSd § 823 I.). Wenn das Bezugsobjekt des Täterverschuldens bei § 823 I nicht nur die Pflichtwidrigkeit, sondern auch der Verletzungserfolg ist (vgl. dazu oben A.II.3.a), fallen in den ausschließlich durch die §§ 831 und 832 abgedeckten Bereich die Konstellationen der von Westermann so be-

II. Die eigene Konzeption

den, daß — abseits vom Fallmuster subordinierten Fremdtuns — die Zäsur zwischen rechtmäßigen und rechtswidrigen Folgehandeln vorzunehmen ist. Im Gegensatz zu den Fällen der Nebentäterschaft ist hinsichtlich der übrigen Sachverhaltsgruppen nicht zu erkennen, daß die rechtsphilosophischen und -ethischen Bedenken zurückzustehen haben. Demnach verläuft die Trennungslinie zwischen den Sachlagen unfreien und freien Zweithandelns. Das sei an einer Abwandlung des Grünstreifen-Falles verdeutlicht. Man stelle sich vor, einer der nachfolgenden Kraftfahrer überfährt nicht den Grünstreifen, sondern entschließt sich, zu wenden und einen längeren Umweg zu fahren[7]. Mit diesem freien Entschluß begründet er einen neuen Verantwortungsbereich, der sich auf alle erkennbaren Gefahren des Straßenverkehrs bezieht. Sollte ihm auf dem Umweg etwas zustoßen oder sollte er andere verletzen, so ruft die Zurechnung dieser Folge zum Erstverhalten, d. h. der unfallbedingten Blockierung der Fahrbahn, die gleichen Bedenken hervor wie im Ausgangsfall. Das gilt auch, wenn die Selbst- oder Drittverletzung rechtmäßig erfolgt, etwa wenn dem Autofahrer, der sämtliche Verkehrsvorschriften beachtet[8], ein Passant in den Wagen läuft. Es ist also nicht die Rechtswidrigkeit der Zweithandlung, welche die Haftung des Ersten problematisch erscheinen läßt, es ist vielmehr der freie Entschluß des Folgetäters, Risiken für sich oder andere zu schaffen.

Die Vorstellung des Gesetzgebers ist auch in einem weiteren Punkt abzulehnen. Mit der Aufgliederung des Fallmaterials — sei es nun im Sinne der Gesetzeskonzeption oder in der hier für richtig befundenen Form — ist eine Entscheidung des Einzelfalles noch nicht gewonnen.

---

zeichneten „mittelbaren Verschuldenshaftung" (Westermann, 342, l. Sp.). Es sind damit Fälle gemeint, in denen der Geschäftsherr oder Aufsichtspflichtige pflichtwidrig handelt, die daraus entstehende Folge aber nicht voraussehen kann (vgl. Hübner, Schadenszurechnung, 81). Folgt man Westermann, ist der Täter gem. §§ 831 und 832 haftpflichtig, während er bei der bezeichneten Auslegung des § 823 I von der Haftung freizustellen ist. Sachverhalte wie das Sohn-Vater-Beispiel schließlich füllen den nur durch § 823 I erfaßten Kreisausschnitt aus. Bei ihnen fehlt es an den Voraussetzungen der §§ 831 und 832, eine Haftung für subordiniertes Tun ist jedoch gem. § 823 I gerechtfertigt.

[7] Vgl. zu dieser Fallgestaltung Hermann Lange, Schadensersatzpflicht, 283. Auch v. Caemmerer, Schutzbereich, 288 (r. Sp.), setzt sich mit der Frage auseinander, ob etwa eine Person Schadensausgleich verlangen kann, wenn sie infolge der Fahrbahnblockierung mit dem Taxi zum Bahnhof fahren muß. Er verneint dies. (Allerdings fehlt es in der von ihm geschilderten Situation schon an einer Rechts- oder Rechtsgutverletzung des Anspruchstellers.)

[8] Daß ein solches Verhalten rechtmäßig ist, hat der BGH in der Entscheidung des Großen Senats vom 4. 3. 1957 (BGHZ 24, 21 ff.) festgestellt (Rechtfertigungsgrund des verkehrsrichtigen Verhaltens, dazu bes.: Schmidt, 1 ff.). Bei der hier vertretenen dogmatischen Konzeption verletzt der Autofahrer keine Verkehrspflicht.

Wie etwa der Jäger-Fall[9] zeigt, verlangt der Verkehr dem Einzelnen mitunter ab, freies und gleichgeordnetes Folgeverhalten zu verhindern. M. a. W.: Der Rechtsfindende hat stets zu prüfen, ob das Überwiegen der eine Haftungsfreistellung fordernden Aspekte den Besonderheiten des konkreten Falles entspricht. Wie erwähnt[10], ist auch unter Berücksichtigung des § 254 eine flexible Handhabung der Deliktsnormen angebracht[11].

Für die folgende Untersuchung gilt: Im Hinblick auf die Struktur der psychisch vermittelten Kausalität kann die Aufgliederung des Fallmaterials zu Grunde gelegt werden, die aus dem Spiel der Kräfte abzuleiten ist, d. h. die Trennung in die Konstellationen unfreien bzw. subordinierten und freien bzw. gleichgeordneten Fremdhandelns. Im Hinblick auf die letztere Sachverhaltsgruppe kann freilich keinesfalls eine kategorische Haftungsfreistellung angenommen werden. Innerhalb des Kausalmusters des Aufeinandertreffens mehrerer Geschehensabläufe ist von einer Differenzierung nach beherrschbaren und unbeherrschbaren Zweithandlungen abzusehen. Wegen der Besonderheit dieser Fallgruppe und der in § 840 enthaltenen gesetzgeberischen Entscheidung vermag die (fremde) Nebentat aus sich heraus keine Haftungsfreistellung zu begründen.

4. Das Fallmaterial

Die Behandlung des Fallmaterials hat zunächst das Ziel, die bisher erarbeiteten Sachverhaltsgruppen anhand weiterer Beispiele zu veranschaulichen. Des weiteren ist die Frage zu klären, wie sich bei den einzelnen Fallkategorien die Haftung des Täters darstellt. Die bisher gewonnenen Erkenntnisse lassen folgendes vermuten: Unfreies und subordiniertes Folgehandeln sowie jedwedes Nebenhandeln sind haftungsrechtlich natürlichen Bedingungsfaktoren gleichzustellen. Die Zurechnung sonstigen Fremdverhaltens ist problematisch, möglicherweise grundsätzlich ausgeschlossen.

Freilich ist darauf hinzuweisen, daß die Verantwortlichkeit des Ersten selbst bei solchen Konstellationen entfallen kann, bei denen die Fremdtat als solche keine spezifischen Fragen aufwirft. Denn ein Kausalablauf, der ausschließlich durch Naturgesetzmäßigkeiten vermittelt wird, ist nicht immer zu verantworten. Die Frage, nach welchen Kriterien insoweit zu verfahren ist, soll allerdings nur für bestimmte Fallgruppen beantwortet werden. Für eine umfassende Klärung ist im

---

[9] B.II.1.a) bb).
[10] C.II.2.d).
[11] Zu unflexibel erscheint mir der Haberhausensche Lösungsvorschlag, vgl. dazu oben C.I.7.

Rahmen dieser Untersuchung kein Raum; eine solche setzt eine grundlegende Auseinandersetzung mit der Adäquanztheorie und anderen Lehren zur Haftungsbegrenzung voraus. Hier aber muß die Feststellung genügen, daß die Freistellung von der Verantwortlichkeit jedenfalls nicht auf das Hinzutreten des Fremdverhaltens zu stützen ist.

a) Die Fälle der psychisch vermittelten Kausalität

aa) Die unfreie bzw. subordinierte Folgetat

Entsprechend den obigen Feststellungen seien hinsichtlich der unfreien bzw. subordinierten Folgetat jeweils zunächst Beispielsfälle genannt, mit deren Hilfe die Begriffsinhalte über das bisher geschehene Maß hinaus verdeutlicht werden können. Alsdann sei der Frage nachgegangen, wie die Sachverhalte zu entscheiden sind.

(1) Die unfreie Folgetat

Eine Folgetat ist in zwei Fällen unfrei[1]: einmal, wenn der Zweite ohne das Bewußtsein des drohenden Verletzungserfolges handelt und dieses Risiko für ihn auch nicht erkennbar ist, zum anderen, wenn er zur Vermeidung der von ihm erkannten Gefahren faktisch außerstande ist[2].

Es soll zunächst die erste Konstellation betrachtet werden. Die Ermittlung von Sachlagen, in denen der Zweite ohne ein Bewußtsein vom drohenden Verletzungserfolg handelt, bereitet keine Schwierigkeiten. Anders verhält es sich mit der Feststellung mangelnder Erkennbarkeit des Risikos. Es ist dies ein normativer Begriff, dessen Ausfüllung naturgemäß Abgrenzungsprobleme mit sich bringt. Zum Teil verwendbar scheinen mir jene Regeln, die durch die Rechtsprechung und das Schrifttum hinsichtlich der Konkretisierung der sog. unbewußten Fahrlässigkeit herausgearbeitet wurden. Entscheidend soll es dabei auf die Voraussehbarkeit des drohenden Verletzungserfolges und auf die Zumutbarkeit von Maßnahmen zu seiner Verhinderung ankommen[3]. Mit Hilfe des ersten Kriteriums, der Voraussehbarkeit, ist die Grenze desjenigen Bereiches abzustecken, der aus rechtsphilosophischer und rechtsethischer Sicht von der Verantwortung des Einzelnen abgedeckt

---

[1] Siehe C.II.1.b) bb) (1).

[2] Als unfrei kann nicht schon jedes Handeln einer unzurechnungsfähigen Person bezeichnet werden. Diese kann durchaus den (natürlichen) Willen zur Herbeiführung eines Erfolges haben und daher das Geschehen für den Täter unbeherrschbar machen. Freilich kann auf das Verhalten eines Unzurechnungsfähigen die gegebene Definition des unfreien oder die des subordinierten Folgehandelns zutreffen.

[3] Vgl. statt vieler Staudinger / Werner, Vorbem. zu § 275, Rdn. 92.

ist[4]. Erkennbarkeit und Voraussehbarkeit sind demnach gleichbedeutende Begriffe. Mithin ist der Zweitverursacher unfrei, d. h. er läuft ein nicht erkennbares Risiko, wenn ein besonnener und gewissenhafter Verkehrsteilnehmer in der Situation des Handelnden die Gefahr ebensowenig bemerkt hätte. So wird nämlich das Merkmal mangelnder Voraussehbarkeit definiert[5]. Der zweite Maßstab für die Ermittlung der unbewußten Fahrlässigkeit, die Zumutbarkeit von Verhinderungsmaßnahmen, stellt dagegen auf spezifisch haftungsrechtliche Gesichtspunkte ab. Diese aber sind — wie ermittelt wurde[6] — bei der Feststellung unfreien Zweitverhaltens außer Betracht zu lassen.

Bei der Bestimmung unbewußter Fahrlässigkeit ist der Blick nicht auf die Feststellung mangelnder, sondern positiv auf die Feststellung bestehender Voraussehbarkeit gerichtet. Dementsprechend seien zur Abgrenzung vorab Beispiele aufgeführt, in denen der Verletzungserfolg vom Zweiten vorausgesehen bzw. erkannt werden kann, dessen Verhaltensweise mithin eine freie ist. Das trifft — wie erwähnt — auf die Abwandlung des Grünstreifen-Falles[7] zu. Es ist jedem Verkehrsteilnehmer ersichtlich, daß ein Umweg die normalen Schadensrisiken mit sich bringt. Um einen erkennbaren Verletzungserfolg hatte es sich ferner in dem Sachverhalt gehandelt, der dem Beschluß des OLG; Schleswig vom 19. 2. 1954 zu Grunde lag[8]. Die Mutter der Verstorbenen hatte als Zweitverursacherin durchaus die Möglichkeit gehabt, die verheerende Wirkung des vom Tierarzt verordneten und von ihr mit Hustensaft verwechselten Mittels abzusehen. Auf die Unaufmerksamkeit des Folgetäters — und nicht auf die fehlende Erkennbarkeit des drohenden Verletzungserfolges — ist ebenso der Unfall in dem von Dunz genannten Beispielsfall zurückzuführen[9]. Ein Passant überquert bei Rotlicht den Fußgängerüberweg. In Gedanken schließt sich ein weiterer Fußgänger an. Dieser verursacht einen Verkehrsunfall, bei dem ein Autofahrer geschädigt wird. Wenngleich dem Zweiten ein aktuel-

---

[4] Vgl. Larenz, Objektive Zurechnung, 85 (zum Sinn der Adäquanztheorie): „Was sich nach einem objektiven Maßstab menschlicher Voraussehbarkeit entzieht, das vermag der Mensch auch nicht mehr in seine vorausschauende Betrachtung einzubeziehen, das liegt somit jenseits der ihm grundsätzlich zukommenden Fähigkeit, vorausblickend und die möglichen Folgen abwägend einen Geschehensverlauf unter Vermeidung von ihm nicht gewollter Wirkungen auf das von ihm angesteuerte Ziel hin zu lenken. Diese Fähigkeit aber ist, in Verbindung mit der Fähigkeit, eine Norm, eine Sollensansforderung zu erfahren und sein Handeln dadurch bestimmen zu lassen, der letzte Grund jeglicher Verantwortung und Zurechnung."
[5] Vgl. die Übersicht bei Erman / Battes, § 276, Rdn. 24.
[6] C.II.3.a).
[7] C.II.3.a).
[8] VersR 1954, 423. Der Fall ist oben (B.I.2., Anm. 53) geschildert.
[9] Dunz, Fremde Unrechtshandlungen, 135 (r. Sp.).

II. Die eigene Konzeption

les Bewußtsein der Gefahr fehlt, könnte er die Risiken der „Herdenreaktion"[10] durchaus wahrnehmen. Schließlich ein letzter Fall, den der BGH mit Urteil v. 12. 3. 1968 entschied[11]. Eine Hausfrau hatte Natronlauge in einer Bierflasche abgefüllt. Sie hatte auf die Flasche ein Schild geklebt („Vorsicht, Lebensgefahr! Lauge!") und sie hinter der Toilettenschüssel abgestellt. Als in der Wohnung Maler- und Tapezierarbeiten ausgeführt worden waren, hatte ein Maler die Flasche auf eine Fensterbank gestellt und ein weiterer sie dort mit seiner Bierflasche verwechselt, daraus getrunken und sich erhebliche innere Verletzungen zugezogen. Bei aufmerksamem Zweitverhalten wäre es zur Schadensentwicklung nicht gekommen; die Maler hätten das warnende Schild entdeckt und die Flasche besonders gesichert[12].

Es fragt sich nun, welche Beispiele für die Konstellationen nicht erkennbarer Risiken angeführt werden können. Mit dem Apotheker-Fall[13] wurde bereits eine erste Konstellation genannt. Der Kunde kann auf die Umsicht des Apothekers vertrauen. Mit seinem Verhalten begründet er weder aus rechtsphilosophischer bzw. rechtsethischer noch aus haftungsrechtlicher Sicht einen neuen Verantwortungsbereich. Gleichermaßen zu beurteilen ist der Sachverhalt, den v. Caemmerer beschreibt[14]: Ein Kirmesbesucher gewinnt eine Flasche Wein, er entkorkt sie und bietet sie seinem neben ihm stehenden Freund an. Dieser nimmt einen kräftigen Schluck und stirbt alsbald an inneren Verletzungen; in der Flasche befand sich eine scharfätzende Flüssigkeit. Auch diesmal ist die Folge nicht erkennbar, und zwar weder für den Gewinner als Erst-, noch für das bedauernswerte Opfer als Zweitverursacher[15]. Ein weiterer Fall: Der Gastgeber bittet seinen Besucher, auf einem Sessel Platz zu nehmen, der schon oft zusammengebrochen und nur notdürftig repariert worden ist. Der Gast läßt sich in dem äußerlich völlig intakten Sessel nieder, bricht nach einiger Zeit ein und verletzt sich schwer. Diese Verletzung ist auf die Pflichtwidrigkeit des Gastgebers und die unfreie Handlung des Gastes zurückzuführen. Oder: Eine Hausfrau leiht sich von ihrer Nachbarin etwas Spiritus, der in einer Bierflasche abgefüllt ist. Diese ist nicht gekennzeichnet. Als sie den Spiritus zurückgeben will, verwechselt die Hausfrau die Flasche mit einer anderen,

---
[10] Ders., aaO.
[11] NJW 1968, 1182 f.
[12] So spricht der BGH (aaO, 1183 r. Sp.) von einem „sorglosen Verhalten des Handwerkers".
[13] A.II.1.a) aa).
[14] v. Caemmerer, Kausalzusammenhang, 6; vgl. auch Haberhausen, 1309 (r. Sp.).
[15] Das bedeutet, daß weder der Erst- noch der Zweitverursacher für die Verletzungsfolge verantwortlich sind — so jedenfalls nach deutschem Recht (vgl. v. Caemmerer, Kausalzusammenhang, 6).

die äußerlich gleich und ebenfalls nicht gekennzeichnet ist, und in die sie eine ätzende Flüssigkeit gefüllt hat. Die Nachbarin erleidet später beim Öffnen der vermeintlichen Spiritusflasche eine Hautverletzung, weil sie den „Spiritus" auf ihre Hand fließen läßt. Im Gegensatz zu dem vom BGH am 12. 3. 1968 entschiedenen Fall ist diesmal der gefährliche Inhalt der Flasche nicht erkennbar, die Zweittat ist unfrei. Als letztes Beispiel soll schließlich ein Sachverhalt dienen, über den der BGH am 28. 10. 1958 urteilte[16]: Es ging um einen Unfall, der sich bei dem Betrieb eines Rotors ereignet hatte. Dabei handelt es sich um eine nach oben offene Trommel, die auf Jahrmärkten aufgestellt wird. Die Teilnehmer stellen sich mit dem Rücken zur Wand. Diese wird in Bewegung gesetzt, und die Benutzer werden durch die Fliehkraft an die Wand gepreßt, der Boden wird sodann für einige Zeit versenkt. Der Kläger hatte bei der Benutzung des Rotors gegen Ende der Fahrt versucht, seinen Oberkörper langsam von der sich drehenden Wand abzudrücken, hatte dabei das Gleichgewicht verloren, war nach unten gestürzt und hatte sich am rechten Bein zwei Brüche zugezogen. Vorausgegangen war, daß der Geschäftsführer des Unternehmens dem Kläger die Ungefährlichkeit der Handlungsweise zugesichert hatte. Zu Recht war der BGH der Auffassung, der Kläger habe unter diesen Voraussetzungen mit dem Absturz nicht rechnen müssen. Nur der Geschäftsführer habe die Umlaufgeschwindigkeit und Größe der Fliehkraft kennen müssen, nicht aber der Kläger, der ersichtlich zum ersten Mal an einer solchen Fahrt teilgenommen habe.

Zu klären bleibt, ob die beschriebenen Fälle beweisen, daß sich die unfreie Folgehandlung wie ein natürlicher Bedingungsfaktor darstellt. Ich halte das für zutreffend. Bei der Rechtsfindung stellt sich heraus, daß die Entscheidung der Sachverhalte keine Schwierigkeiten im Hinblick auf die Zurechnung des Folgeverhaltens bereitet. Die Haftpflicht des Apothekers, des Kirmesbesuchers, des Gastgebers, der Hausfrau und des Rotorunternehmers bzw. Geschäftsführers ist jedenfalls nicht wegen des Dazutretens der Fremdtat auszuschließen[17]. Freilich kann die deliktische Ersatzpflicht aus anderen Gründen entfallen, z. B. weil auch der Erste den drohenden Verletzungserfolg nicht erkennen konnte. So liegt das Beispiel v. Caemmerers. In den übrigen Sachverhalten ergeben sich allerdings derartige Bedenken nicht, so daß mit Ausnahme des Kirmesbesuchers die bezeichneten Personen für den Geschehensablauf verantwortlich sind.

---

[16] VersR 1959, 107.

[17] Die Lehre von der Unterbrechung des Kausalzusammenhanges (siehe dazu A.II.2.) verfolgte insofern die richtige Spur, als sie die Zurechnung unfreien Folgeverhaltens als unproblematisch empfand.

II. Die eigene Konzeption

Die zweite Variante des unfreien Folgehandelns ist — wie erwähnt — damit zu umschreiben, daß der Zweitverursacher die Risiken seines Verhaltens zwar erkennt, zum Alternativhandeln infolge einer Zwangseinwirkung jedoch außerstande ist. Bei der Erfassung dieser Sachlage kann zunächst auf die Kriterien zurückgegriffen werden, die bei der Anwendung des § 123 zu berücksichtigen sind[18]. Jene Vorschrift knüpft an die Beeinträchtigung einer freien Willensbildung an. Zu bedenken ist aber, daß es vorliegend nicht darauf ankommt, ob die Zwangslage des Zweiten vom Ersten verursacht ist. Der Zweite kann unfrei auch dann handeln, wenn eine außenstehende Person oder gar bestimmte Sachzwänge auf ihn wirken.

Der zweiten Kategorie unfreien Folgeverhaltens sind einmal Sachverhalte wie das Einbrecher-Beispiel[19] zuzuordnen. Sie sind dadurch bestimmt, daß der vorsätzlich handelnde Erstverursacher den Fremden zur Rechts- oder Rechtsgüterverletzung zwingt[20]. Indessen ist eine erzwungene Zweittat auch bei fahrlässigem Erstverhalten denkbar. Dazu folgender Fall: Ein Hausherr beherbergt für einige Tage seinen Bekannten. Als sich dieser allein in einem Raum aufhält, nimmt er eine an der Wand hängende Schußwaffe herab und spielt damit herum. In diesem Moment betritt die Hausangestellte das Zimmer. Sie führt ein mit Gläsern gefülltes Tablett bei sich. Aus Spaß richtet der Gast die Waffe auf sie und droht, sie zu erschießen. Dabei glaubt er, die Hausangestellte werde den Scherz erkennen. Diese hat jedoch keinen Anlaß, an der Ernsthaftigkeit der Drohung zu zweifeln. Sie sieht keine andere Möglichkeit, als das Tablett fallenzulassen und aus der Tür zu laufen.

Abschließend sei ein Beispiel für die Sachlage angeführt, in der die Zwangssituation des Zweiten nicht auf die Ersttat, sondern auf andere Umstände zurückgeht: Ein Autofahrer kommt an mehreren verunglückten Fahrzeugen vorbei. Er stoppt seinen Wagen, um sich unter die Schaulustigen zu mischen. Dabei blockiert er einen Teil der Fahrbahn. Mittlerweile ist ein Feuerwehrwagen eingetroffen, der die Unfallstelle wegen des abgestellten Wagens über die Straße nicht erreichen kann. Der Fahrer steuert das Rettungsfahrzeug daher über den Grünstreifen. Auch dieses Verhalten ist unfrei; es erfolgt unter dem Zwang zur Rettung der Verunglückten[21].

---

[18] Siehe etwa die Übersicht bei: Soergel / Hefermehl, § 123, Rdn. 35 ff.
[19] C.II.1.b) bb).
[20] Viele Fälle der sog. mittelbaren Täterschaft fallen darunter. Freilich ist der eigentliche Zurechnungsgesichtspunkt in solchen Sachverhalten nicht das unfreie Folgehandeln — wie anhand von Beispielen noch zu zeigen sein wird. Siehe dazu: unten C.II.4.a) bb) (2) (b).
[21] Das Beispiel gehört *nicht* in die Reihe der sog. Nothilfefälle. Der Autofahrer fördert nicht das Eingreifen der Hilfsperson — diese wären auch ohne ihn tätig geworden —, sondern eine Verletzungshandlung, die anläßlich einer Rettungstat begangen wird.

Die Entscheidung der zweiten Kategorie unfreien Fremdhandelns folgt den oben herausgearbeiteten Regeln. Es ist auch hier die fremde Willensbetätigung keine die Entscheidung des Sachverhalts tragende Komponente. Sie kann die deliktische Verantwortlichkeit des Ersten nicht begrenzen. So sind in den drei beschriebenen Fällen die Täter haftpflichtig, ohne daß irgendwelche Bedenken bestehen.

(2) Die subordinierte Folgetat

Eine fremde Willensbetätigung ist subordiniert, wenn sie innerhalb einer vom Täter faktisch beherrschten Sphäre erfolgt und der Handelnde zur Wahrung der verkehrserforderlichen Sorgfalt nicht hinreichend fähig ist[1]. Es lassen sich zwei Gruppen von Subordinationsverhältnissen unterscheiden. Einmal handelt es sich um die Fallkategorie, in der die Beeinflußbarkeit des Fremdhandelns durch den Täter ihren Grund in einem familiären oder sonstwie näheren Beziehung der Beteiligten hat. Eine solche Konstellation sei mit dem Begriff der *verfestigten* Subordinationsverhältnisse versehen. Zum anderen kann sich ein Verhältnis der Über-Unterordnung auch unvermittelt zwischen einander nicht bekannten Personen ergeben. Derartige Sachlagen seien als *flüchtige* Subordinationsverhältnisse bezeichnet.

Der ersten Kategorie gehören jene Sachverhalte an, in denen ein Haushaltungsvorstand das Verhalten eines zum verkehrsrichtigen Verhalten nicht fähigen Angehörigen beeinflussen kann. Über einen solchen Fall entschied das RG erstmals mit Urteil v. 23.11.1908[2]. Die geistesgestörte Ehefrau des Beklagten hatte die Klägerin mit einem Brotmesser angegriffen und an den Händen verletzt. Die Klägerin hatte Schadensersatz mit der Begründung verlangt, auf Grund des vorangegangenen Verhaltens seiner Ehefrau habe der Beklagte mit einer solchen Tat rechnen und sie in eine Anstalt einweisen lassen müssen. Nachdem die Erstinstanz die Klage abgewiesen und die Berufung der Klägerin erfolglos geblieben war, verwies das RG die Sache zurück: Das Berufungsgericht habe außer acht gelassen, daß man auch „abgesehen von den Spezialvorschriften in §§ 278, 831, 832 BGB wegen des durch einen anderen herbeigeführten Schadens dem Dritten Beschädigten ersatzpflichtig"[3] sein könne. Das gelte insbesondere, wenn es sich bei dem Folgetäter um eine „nicht zurechnungsfähige oder sonst der Überwachung bedürftige Person"[4] handele. Der Entscheidung des RG ist zuzustimmen. Der Sachverhalt bot Anlaß, eine Haftung des Ehe-

---
[1] C.II.1.b) cc).
[2] RGZ 70, 48 ff.
[3] RGZ, aaO, 50.
[4] RGZ, aaO, 50.

II. Die eigene Konzeption

mannes für das subordinierte Handeln seiner Frau zu überprüfen. Als subordiniert konnte das Fremdhandeln bezeichnet werden, weil es vom Ersten beeinflußbar und die Zweitperson zur Wahrung der verkehrserforderlichen Sorgfalt außerstande gewesen war. Das Urteil des RG v. 23. 11. 1908 bildet im übrigen den Anfang einer ständigen Rechtsprechung, die die Pflichten eines Haushaltungsvorstandes über den durch § 832 bezeichneten Rahmen ausdehnt, mithin aus § 823 I ableitet[5]. Das RG urteilte in diesem Sinne am 31. 1. 1918, als es die Schadensersatzpflicht eines Vaters für den vom geisteskranken volljährigen Sohn angerichteten Schaden für möglich hielt[6]. Der BGH setzte die Rechtsprechung mit dem Urteil v. 16. 12. 1953[7] fort, indem er einen Stiefvater als verpflichtet ansah, den im Hause lebenden minderjährigen Stiefsohn zu beaufsichtigen. Er bekräftigte diese Auffassung schließlich in der Entscheidung v. 15. 4. 1958[8]. Insgesamt sind all diese Fälle der Kategorie verfestigter Subordinationsverhältnisse zuzuordnen. Die Ausdehnung der Verantwortlichkeit findet ihren tieferen Grund darin, daß die rechtsphilosophischen und rechtsethischen Bedenken gegenüber einer Haftung des Täters entfallen. In die Reihe der beschriebenen Sachverhalte gehört auch das mehrfach besprochene Sohn-Vater-Beispiel[9]. Ausnahmsweise ist einmal nicht die ältere Person über die jüngere, sondern letztere über die erstere aufsichtspflichtig.

Nicht nur der Haushaltungsvorstand, sondern auch andere Personen können der dominierende Teil eines verfestigten Subordinationsverhältnisses sein. Das mag an folgendem Beispiel deutlich werden: Eine Kindergärtnerin sieht nach Dienstschluß, wie ein von ihr tagsüber zu beaufsichtigendes Kind verloren am gegenüberliegenden Straßenrand steht. Anstatt selbst über die Straße zu gehen, winkt sie das Kind zu sich herüber. Es läuft über die Fahrbahn und verursacht einen Unfall. — Die Kindergärtnerin ist weder gem. § 831 noch gem. § 832 verantwortlich. Eine Verrichtungsbestellung iSd § 831 kann in ihrem Wink nicht erblickt werden. Dafür ist die Übertragung einer zu leistenden Tätigkeit erforderlich[10]. Das Laufen über die Straße dürfte als solche nicht anzusehen sein. Eine Anwendung des § 832 scheidet aus, weil sich die Aufsichtspflicht, die durch diese Vorschrift erfaßt wird, nicht auf den Freizeitbereich erstreckt. Obgleich also eine Haftung gem. §§ 831 und 832 entfällt, kommt eine deliktische Verantwortlichkeit in Betracht.

---

[5] Vgl. dazu RGRK, § 823 Anm. 69.
[6] RGZ 92, 125 ff.
[7] LM Nr. 3 zu § 823.
[8] VersR 1958, 399 f. (im konkreten Fall wurde allerdings eine Schadensersatzpflicht des Haushaltsvorstandes abgelehnt).
[9] Siehe etwa B.II.1.a) bb).
[10] Soergel / Zeuner, § 831, Rdn. 14.

Die Voraussetzungen eines Subordinationsverhältnisses liegen vor: Die faktische Machtbeziehung zwischen den Beteiligten ist nicht auf den Kindergarten beschränkt. Sie wirkt vielmehr fort, so daß das Verhalten des Kindes beeinflußbar ist. Daß dieses ferner zum verkehrsrichtigen Verhalten noch nicht hinreichend fähig ist, bedarf keiner Erörterung.

Der zweiten Fallgruppe, die aus den flüchtigen Subordinationsverhältnissen besteht, sind zunächst solche Sachverhalte zuzurechnen, in denen der Täter dem Verletzungshandeln einer stark alkoholisierten Person nicht vorbeugt bzw. jenes fördert[11]. Als Beispiel mag ein Fall dienen, in dem ein — nüchterner — Gastgeber oder Gastwirt seinen völlig betrunkenen Gast auffordert, den Heimweg anzutreten und dieser mit seinem Wagen einen Verkehrsunfall verursacht. Die Verhaltensweise des Gastes ist als dem Gastgeber oder -wirt gegenüber subordiniert zu bewerten. Zwar besteht eine enge Lebensbeziehung zwischen den Beteiligten nicht, auf Grund der besonderen Situation aber ist das Handeln des einen vom anderen beeinflußbar. Ferner ist der Betrunkene zum sorgsamen Verhalten im Straßenverkehr — sei es auch nur vorübergehend — nicht in der Lage[12]. Eine mögliche zivilrechtliche Verantwortlichkeit des Gastgebers oder -wirts stellt sich als eine solche für subordiniertes Fremdhandeln ein.

Durch ein flüchtiges Subordinationsverhältnis ist auch der Sachverhalt gekennzeichnet, über den der BGH am 23. 10. 1962 urteilte[13]. Die Beklagte, eine Verkäuferin in einem Spielwarengeschäft, hatte einem 10jährigen Kind einen spitzen Wurfpfeil verkauft. Sie hatte den Jungen ermahnt, vorsichtig mit dem Pfeil umzugehen. Dieser hatte an-

---

[11] Derartige Fälle werden vor allem unter strafrechtlichem Aspekt entschieden, vgl. etwa die Entscheidungen des BGH v. 22. 1. 1953 (NJW 1953, 551 ff.), v. 13. 11. 1962 (NJW 1964, 412 f.) und v. 5. 12. 1974 (MDR 1975, 327 ff.) sowie des KG v. 31. 8. 1972 (JR 1973, 72 f.). Es wird die Verantwortlichkeit des Täters gem. §§ 221 und 230 StGB erörtert. — Mit der zivilrechtlichen Haftung befassen sich etwa die Urteile des LG Heilbronn v. 3. 2. 1954 (NJW 1954, 922 f.) und des OLG München v. 11. 2. 1966 (NJW 1966, 1105 f.). Diese Entscheidungen sind ungleich seltener, weil zumeist der Versicherer des betrunkenen Autofahrers den (Dritt-)Schaden reguliert und sich der Geschädigte nicht an den Erstverursacher zu halten braucht. Auch ein Regreßanspruch des Zweitverursachers entfällt in der Regel (vgl. dazu: Weber, 922 r. Sp.).

[12] Bei der Klärung der Frage, wann — d. h. nach welchem Alkoholgenuß — die Fähigkeit zur Sorgfaltswahrung aufgehoben ist, gibt es ein Abgrenzungsproblem, vgl. zur strafrechtlichen Problematik: der Beschluß des BGH v. 13. 11. 1962 (NJW 1964, 412 f.). Es kann und soll vorliegend nicht der Versuch unternommen werden, ein Entscheidungskriterium zu vermitteln. Ein solches sollte zu gegebener Zeit durch die Rechtsprechung herausgearbeitet werden. Möglicherweise können die Maßstäbe übernommen werden, die die Strafgerichte im Hinblick auf die relative und absolute Verkehrsuntüchtigkeit (§§ 315 ff. StGB) verwenden.

[13] NJW 1963, 101 f.

II. Die eigene Konzeption

schließend Wurfübungen vorgenommen und den Kläger, einen Spielkameraden, ins linke Auge getroffen, das daraufhin operativ entfernt worden war. Die Erstinstanz hatte die Klage dem Grunde nach für gerechtfertigt erklärt, die Berufung der Beklagten war erfolglos geblieben. Der BGH wies die Revision der Beklagten zurück. Er stellte in erster Linie darauf ab, daß die Belehrung nicht ausreichend gewesen war, um die Gefahr des ungeschickten oder leichtfertigen Werfens abzuwenden. Damit freilich ist der eigentliche Zurechnungsgesichtspunkt noch nicht herausgearbeitet. Entscheidend ist, warum die Belehrung nicht genügt hatte. Der Grund ist in eben jenem Subordinationsverhältnis zu erblicken, durch welches die Stellung der Beklagten und des kindlichen Käufers zueinander gekennzeichnet ist. Obwohl beide kein familiäres Verhältnis verbunden hatte, hatte die Verkäuferin die Möglichkeit gehabt, das Spielverhalten des zur sorgsamen Handlungsweise nicht hinreichend fähigen Kindes grundlegend zu beeinflussen. Die erteilten Belehrungen sind sichtbarer Ausdruck dieser Sachlage. Mir scheint, daß der BGH das Vorliegen eines Subordinationsverhältnisses auch empfand. „Nur wenn das Kind in Begleitung Erwachsener gekommen wäre", — so führte er aus — „hätte die Verkäuferin darauf vertrauen dürfen, daß für eine Unterweisung in der Handhabung des Spielgeräts, für eine wirkungsvolle Belehrung über die damit verbundene Gefahr und eine ordnungsmäßige Beaufsichtigung Sorge getragen werde"[14]. Damit wird eine Situation genannt, bei der die Handlungsweise des Kindes nicht mehr als eine der Verkäuferin, sondern dem Erwachsenen gegenüber subordinierte Handlungsweise erscheint. Es fehlt in einem solchen Fall an der Beeinflußbarkeit des kindlichen Spielverhaltens durch die Verkäuferin. Der begleitende Erwachsene wird zur dominierenden Person. Es ist demnach das Fehlen eines Subordinationsverhältnisses, welches die abweichende Entscheidung des hypothetischen Falles bedingt[15].

Als letztes Beispiel für ein flüchtiges Subordinationsverhältnis möge die nachstehende Abwandlung des Dunzschen Falles[16] dienen: Ein Passant wartet an einer Fußgängerampel auf das Grünlicht. Neben ihm steht eine alte Frau, die sich im Straßenverkehr ganz offensichtlich nicht mehr zurechtfindet. Sie blickt sich hilfesuchend nach anderen Fußgängern um. Es ist erkennbar, daß sie sich an ihnen orientiert. Als

---

[14] BGH, aaO.
[15] Für zu allgemein halte ich die These Rothers (Rother, Adäquanztheorie, 183 l. Sp.): „Erwachsene und voll Einsichtsfähige trifft die Pflicht, eben diejenigen Gefahren nach Kräften verringern zu helfen, die durch die mangelnde Verantwortlichkeit des betreffenden unmittelbaren Täters begründet werden." — Außerhalb von Subordinationsverhältnissen hat diese Aussage m. E. keine Gültigkeit.
[16] Siehe dazu: oben C.II.4.a) aa) (1).

der Passant sich plötzlich entschließt, noch bei Rotlicht die Straße zu überqueren, folgt ihm die alte Frau. Da sie bei weitem nicht so schnell ist wie der voranschreitende Fußgänger, schafft sie es nicht, die andere Straßenseite vor einem herannahenden PKW zu erreichen. Der Autofahrer muß ihr ausweichen und kommt zu Schaden. Auch dieser Fall veranschaulicht, daß sich ein Subordinationsverhältnis unvermittelt zwischen zwei einander völlig fremden Personen bilden kann. Die alte Frau läßt ihre Bereitschaft erkennen, ihre Verhaltensweise nach der des Passanten einzurichten. Indem sie ihn solchermaßen als „Befehlsgeber" akzeptiert, räumt sie ihm diejenige Machtstellung ein, die ihr Handeln als subordiniert erscheinen läßt; denn die weitere Voraussetzung, die fehlende Eignung zur Wahrung verkehrsgemäßer Sorgfalt, liegt ebenfalls vor.

Zu klären bleibt, wie die Fälle der Subordinationsverhältnisse zu bewerten sind. Mir scheint, daß sie unter dem besonderen Aspekt der Haftung für fremdes Tun ebensowenig Fragen aufwerfen wie die Sachverhalte unfreier Folgetaten. Die beschriebenen Beispiele sind — so meine ich — sämtlich im Sinne einer Haftung der dominierenden Person zu entscheiden, unabhängig davon, ob es sich um ein verfestigtes oder flüchtiges Subordinationsverhältnis handelt. Mit der Rechtsprechung ist der Haushaltungsvorstand als verantwortlich anzusehen. Ferner halte ich die Kindergärtnerin, den Gastgeber, die Verkäuferin und den übereiligen Passanten für haftpflichtig[17]. — Daß allein das Hinzutreten einer subordinierten Zweittat die Entscheidung der Fälle nicht problematisch macht, wird noch deutlicher, wenn die Beispiele in solche gleichwertigen Folgehandelns abgewandelt werden. Daran erweist sich nämlich der Unterschied beider Fallkategorien. Zunächst sei erneut das Sohn-Vater-Beispiel[18] aufgegriffen. Man stelle sich vor, daß der Sohn nicht seinen Vater, sondern seine Ehefrau um den Gang über die vielbelebte Straße bittet. Ferner gestalte man den Sachverhalt so, daß die Ehefrau, die des öfteren durch Nachlässigkeit Gefahren im Straßenverkehr heraufbeschworen hat, wiederum nicht aufpaßt und einen Unfall verursacht. Auch in diesem Fall ist das Zweitverhalten vom Ersten beeinflußbar. Der Ehemann ist in der Lage, auf die Willensbildung seiner Frau einzuwirken. Es fehlt jedoch an der Ungleichwertigkeit der Folgetat. Obschon die Ehefrau zur gefährlichen Handlungsweise im Straßenverkehr neigt, bewegt sie sich damit noch innerhalb jener

---

[17] Wenn hier und da Bedenken bestehen sollten, so resultieren diese jedenfalls nicht aus den besonderen Aspekten der Haftung für fremde Willensbetätigungen (siehe dazu oben, Einführung zu C.II.4), sondern allenfalls aus einer möglichen Übersteigerung des Maßes der dem Einzelnen zumutbaren Sorgfalt. Vgl. dazu etwa die Entscheidung des LG Heilbronn v. 3.2.1954 (NJW 1954, 923 l. Sp.).

[18] B.II.1.a) bb).

II. Die eigene Konzeption

Bandbreite, bei der man von einer grundsätzlichen Eignung zur Wahrung verkehrserforderlicher Sorgfalt sprechen kann. Mit dem Wegfall des Charakteristikums eines Subordinationsverhältnisses geht einher, daß die Abwandlung anders zu entscheiden ist als der Ausgangsfall. Der Ehemann ist nicht verpflichtet, dem nachlässigen Verhalten seiner Frau entgegenzuwirken. Ihn trifft keine Haftpflicht. Ebenso stellt sich die folgende Variante des vom RG am 23. 11. 1908 entschiedenen Falles[19] dar: Die Ehefrau des Beklagten ist zwar nicht geistesgestört. Sie hat jedoch — wie dem Ehemann bekannt ist — des öfteren Ladendiebstähle begangen. Der Beklagte bittet seine Frau, einen größeren Einkauf vorzunehmen. Dabei entwendet sie wiederum Gegenstände. Auch in diesem Beispiel ist die Ehefrau nicht zum sozialadäquaten Verhalten unfähig. Es fehlt an einem Subordinationsverhältnis. Die Folge ist abermals, daß eine deliktische Ersatzpflicht des Ehemannes ausscheidet. Schließlich sei auf die Trunkenheitsfälle hingewiesen. Hier ist es denkbar, daß ein Zecher einen anderen — noch nüchternen — Beteiligten zum Trinken animiert und dieser später alkoholbedingt einen Unfall verursacht. Ein solcher Fall ist ebenso im Sinne einer Haftungsfreistellung zu entscheiden[20]. Der Grund dafür besteht nicht etwa darin, daß es an der Kausalität oder an der Gefährlichkeit seines Verhaltens[21] fehlt. Beides liegt in gleicher Weise wie im oben besprochenen Beispiel vor. Entscheidend ist vielmehr, daß ein nüchterner Zweitverursacher noch zum verkehrsrichtigen Verhalten fähig, sein Handeln daher als gleichgeordnet zu bewerten ist[22].

bb) *Die freie und gleichgeordnete Folgetat*

Welche Sachverhalte durch freies bzw. gleichgeordnetes Zweithandeln gekennzeichnet sind, braucht im einzelnen nicht mehr bestimmt

---

[19] Siehe oben Fußn. 2.
[20] Dem Urteil des LG München v. 15. 6. 1955 (VersR 1956, 182 ff.) lag ein solcher Fall zu Grunde. Allerdings wies er die Besonderheit auf, daß der Animierende später selbst durch die alkoholbedingte Fahrweise der Mittrinker verletzt worden war. Das LG hatte über seinen Ersatzanspruch zu urteilen und mußte sich demnach mit der Frage auseinandersetzen, ob das Animieren im Hinblick auf den späteren Unfall als Mitverschulden gewertet werden konnte.
[21] Wenn Geilen, 474 r. Sp., schreibt, man könne „die Folgewirkung des eigenen Handelns einem anderen deshalb überlassen, weil dessen Eigenverantwortung normalerweise eine Gefahrsicherung" sei, so trifft das jedenfalls nicht auf den Trink-Animier-Fall zu. Hier weist das eigenverantwortliche Handeln des Zweiten keineswegs die Tendenz zur Gefahrsicherung auf.
[22] Auf die Bedeutung der Zurechnungsfähigkeit des Gastes weist auch der BGH im Beschluß v. 13. 11. 1962 (NJW 1964, 413 l. Sp.) hin: „Eine Rechtspflicht des Gastwirts zum Eingreifen kann, solange ein Gast noch, sei es auch eingeschränkt, rechtlich verantwortlich ist, weder im Sinne des Gastes liegen, noch im Interesse der Allgemeinheit ..."

zu werden. Die bisher angeführten Beispiele mögen insoweit ausreichen. Hinsichtlich solcher Konstellationen braucht daher nur die Frage nach der Reichweite der Verantwortlichkeit beantwortet zu werden.

(1) Der Grundsatz der Haftungsfreistellung

Das Kräftespiel der grundlegenden Aspekte, aus denen starke Bedenken gegenüber der Einstandspflicht des Täters erwachsen, könnte den Grundsatz der Haftungsfreistellung bedingen. Damit hätte die Lehre von der Unterbrechung des Kausalzusammenhanges die im Ansatz richtige Lösung bereitgehalten; denn auch sie schloß die Zurechnung freiwilligen Fremdhandelns aus[1]. Die Adäquanztheorie hingegen wäre für die Sachverhaltsgruppe des freien und gleichgeordneten Folgeverhaltens völlig aufzugeben. Die Typizität der Zweittat wäre kein Indiz für die Zurechenbarkeit des Erfolges zum Verantwortungsbereich des Erstverursachers. — Ob eine grundsätzliche Haftungsfreistellung zutrifft, sei im folgenden anhand von Beispielsfällen überprüft.

Einige Fälle freien und gleichgeordneten Folgehandelns, in denen der Erste nicht verantwortlich ist, sind bereits genannt worden. Man denke an den Sachverhalt, in dem sich ein Gast beim Wirt über die Sorglosigkeit des Jägers beschwert, der sein Gewehr unbeaufsichtigt abgestellt hat[2]. Es wurde festgestellt, daß der Gast nicht haftet, wenn eine andere Person die Beschwerde mitanhört, das Gewehr ergreift und damit Schaden anrichtet. Ferner sei an das Dunzsche Beispiel erinnert, in dem der eilige Passant das verkehrswidrige Verhalten anderer fördert[3]. Im Gegensatz zu Dunz[4] halte ich eine Haftungsfreistellung des Fußgängers für angemessen. Die Verkehrsauffassung geht dahin, vom Verantwortungsbereich des Ersten diejenigen Risiken auszunehmen, die durch die anderen Passanten geschaffen werden. Zu erwähnen sind ferner die Konstellationen, in denen der Täter das leichtsinnige Verhalten seiner Ehefrau im Straßenverkehr bzw. ihren Ladendiebstahl fördert[5]. Auch insoweit scheidet eine Haftung für das Zweitverhalten aus. Gleiches gilt für das Beispiel, in dem der Erste den Zweiten zum Trinken animiert, dieser sich in einen Alkoholrausch versetzt und später einen Unfall verursacht[6].

Auf der Suche nach weiteren Sachverhalten stößt man auf die sich in letzter Zeit häufenden Kidnapper-Fälle. Man stelle sich vor, daß ein

---

[1] A.II.2.
[2] B.II.1.b) bb).
[3] C.II.4.a) aa) (1).
[4] Dunz, Fremde Unrechtshandlungen, 135 (r. Sp.).
[5] C.II.4.a) aa) (2).
[6] C.II.4.a) aa) (2).

II. Die eigene Konzeption

vermögender Mann von einem Kidnapper aufgefordert wird, für die Freilassung des Opfers ein hohes Lösegeld zu bezahlen. Geht er auf die Forderung nicht ein und wird das Opfer deshalb mißhandelt oder gar getötet, so würde niemand auf die Idee kommen, den Erpreßten für schadensersatzpflichtig zu halten[7]. Seine Weigerung zur Zahlung des Geldes mag moralisch verwerflich sein; eine Verkehrspflicht verletzt der Erpreßte jedenfalls nicht. Für das Geschehen ist allein der Kidnapper verantwortlich. Auch an einer Weiterbildung des Falles erweist sich eine Haftungsfreistellung für freies und gleichgeordnetes Tun als zutreffend. Denkbar ist, daß der Kidnapper gefaßt wird und sich bei seinem Abtransport eine erregte Menschenmenge versammelt. Man wird nun den Verbrecher kaum dafür einstehen lassen können, daß sich unter den Schaulustigen ein Handgemenge entwickelt und einer der Beteiligten verletzt wird. Dafür haften ausschließlich die tätlich gewordenen Zuschauer. Eine diesem Sachverhalt vergleichbare Struktur weisen im übrigen jene Fälle auf, von denen man tagtäglich in den Zeitungen liest. Es sind dies die Ausschreitungen, die sich unter Fanatikern bei irgendwelchen Sportveranstaltungen ereignen. Eine derartige Schlägerei ist oftmals auf die Verhaltensweise eines Sportlers oder die Fehlentscheidung eines Schiedsrichters zurückzuführen. Ich glaube nicht, daß die Haftung der letztgenannten Personen für Körperverletzungen oder Sachschäden, die von Zuschauern angerichtet werden, jemals ernsthaft erwogen wurde. Vielmehr ist jedem einsichtig, daß die Reaktion eines Fanatikers allein von diesem zu verantworten ist. Ein weiteres Beispiel: Ein Selbstmörder droht damit, von einer Brücke zu springen. Ein Passant versucht, ihn durch Zureden von seinem Vorhaben abzubringen. Dabei verhält er sich ungeschickt und bringt den Selbstmörder in eine zusätzliche Erregung, die diesen schließlich zum Sprung verleitet. Auch hier ist der Erstverursacher, nämlich der gutwillige Helfer, von der Haftung freizustellen[8]; keineswegs kann ihm die Verpflichtung auferlegt werden, den aus der Selbsttötung erwachsenden Schaden zu ersetzen. Ferner: Jemand stellt einer verheirateten Frau nach. Diese läßt sich auf den Seitensprung ein. Als der Ehemann ihr die ehewidrige Beziehung vorwirft, kommt es zwischen den Eheleuten zu einer Auseinandersetzung. In deren Verlauf fügt die leicht erregbare Frau ihrem Mann eine Körperverletzung zu. Dieser hat einen Schadensersatzanspruch nur gegen die Ehefrau[9], nicht gegen den Lieb-

---

[7] Vgl. auch: Dunz, Fremde Unrechtshandlungen, 137 r. Sp.
[8] Vgl. auch Martens, 744 (r. Sp.).
[9] Gegen die Ersatzpflicht der Ehefrau kann nicht eingewendet werden, daß der Bereich der Ehestörungen vom deliktischen Rechtsgüterschutz ausgenommen ist (vgl. dazu: BGH — Urt. v. 22. 2. 1973, JZ 1973, 668 f.). Wenn mit der Ehestörung ein anderes Rechtsgut, etwa die Gesundheit, verletzt wird, haftet der Ehestörer nach § 823 I (so auch Löwisch, 670 l. Sp.).

haber. Obgleich jener das Folgegeschehen ausgelöst hat, haftet er nicht für die freie und gleichgeordnete fremde Willensbetätigung. In diesem Zusammenhang ist auch der Sachverhalt zu nennen, den das OLG Düsseldorf am 23. 12. 1969 entschied[10]. Der Beklagte hatte nachts mit mehreren anderen Männern eine Gaststätte verlassen. Zwei dieser Männer hatten einen herannahenden PKW gestoppt, in dem der Kläger und dessen Familienangehörige gesessen hatten. Der Schwiegersohn des Klägers, der den Wagen gesteuert hatte, war ausgestiegen. Zwischen ihm und dem Beklagten war es zunächst zu einem Wortwechsel und alsdann zu einer tätlichen Auseinandersetzung gekommen. Der Kläger war hinzugekommen, um seinem Schwiegersohn behilflich zu sein. Kurz nach dem Verlassen des PKW war der Kläger zu Boden geschlagen worden und hatte dabei erhebliche Verletzungen erlitten. Der Beklagte hatte später behauptet, gegen den Kläger nicht tätlich geworden zu sein. Er sei bei der Auseinandersetzung mit dem Schwiegersohn vielmehr verletzt worden und sei außerstande gewesen, den Kampf fortzusetzen. Erstinstanzlich war der Beklagte dennoch zur Zahlung eines Schmerzensgeldes verurteilt worden. Das OLG Düsseldorf bestätigte nunmehr diese Entscheidung. Es meinte, den Beklagten auch dann verurteilen zu können, wenn er nicht selbst auf den Kläger eingeschlagen und ihn getreten habe. Durch den Schlagabtausch mit dem Schwiegersohn habe er in adäquat kausaler Weise die Gefahr geschaffen, daß Personen, die dem Angegriffenen zu Hilfe kommen wollten, in die Auseinandersetzung einbezogen und von den übrigen Beteiligten verletzt würden. Der Beklagte hafte daher auch für das Verhalten seiner Begleiter. — Ich kann dieser Begründung nicht zustimmen. Keineswegs erstreckt sich die Verantwortlichkeit des an einer Schlägerei Beteiligten auf solche Verletzungen, die erwiesenermaßen nicht durch ihn, sondern durch andere Personen zugefügt werden[11]. Das gilt auch, wenn die Tätlichkeiten ohne ihn insgesamt unterblieben wären. Vorliegend erübrigte sich die Feststellung der unmittelbaren Beteiligung des Beklagten an der Körperverletzung des Klägers demnach nicht.

Die Reihe der Beispiele, in denen eine Haftungsfreistellung des Erstverursachers angemessen ist, läßt sich fortführen. So ist es durchaus möglich, daß sich ein Leser eines Kriminalromans zur Begehung eines Delikts animiert fühlt. Gleichwohl haften weder der Autor noch der Verleger des Buches für dieses Geschehnis. Gleiches gilt für den Intendanten einer Fernsehanstalt, der eine mehrteilige Kriminalserie aus-

---

[10] VersR 1970, 451 f.; vgl. dazu auch Deutsch, Haftungsrecht I, 166 f.
[11] Das ergibt sich im übrigen aus der Wertung des § 830 I 2, worauf Kollhosser, 512 f., hinweist. Käme es nämlich nicht darauf an, ob der Täter die Verletzung durch eigene Gewalthandlung verursacht hat, sondern genügte allein die mittelbare Verursachung, so wäre die Regelung des § 830 I 2 überflüssig; vgl. ders., aaO.

II. Die eigene Konzeption

strahlen läßt. Der Veranstalter eines Sportereignisses muß nicht dafür einstehen, daß es zu einer Verkehrsstauung unter den ankommenden motorisierten Zuschauern und zu Auffahrunfällen kommt. Ein Filmstar ist nicht schadensersatzpflichtig, wenn ein Bewunderer vor seinen Wagen springt und sich eine Körperverletzung zuzieht. Es ist ferner an die besprochenen Fälle der Herstellung von Schußwaffen, Alkoholika oder Medikamenten, Autos, Flugzeugen etc. zu denken[12]. Das Produzieren dieser gefährlichen Gegenstände ist erlaubt, wobei das Risiko durch Sicherheitsbestimmungen zunehmend verringert, niemals aber ausgeschlossen werden kann. Daß die Verkehrsauffassung in diesem Sinne wertet, hat verschiedene Gründe. Fraglos ist es ein entscheidender Aspekt, daß die Herstellung solcher Objekte historisch gewachsen ist. Ein Verbot derartiger Betätigungen wäre volkswirtschaftlich völlig untragbar. Ich glaube jedoch, daß die bezeichneten rechtsphilosophischen und -ethischen Gründe die Wertung ebenso mittragen. So kann sich der Hersteller von Automobilen auch auf die Unbeeinflußbarkeit des Verhaltens der Abnehmer sowie darauf berufen, eine Aufsichtspflicht über jene sei rechtsethisch bedenklich. Diese Erwägung paßt gleichfalls auf die folgenden kleiner dimensionierten Sachverhalte: Ein Apotheker verkauft seinem Kunden ein Schmerzmittel, obgleich er weiß oder wissen müßte, daß jener es an seine tablettensüchtige Frau weitergibt. Oder: Ein Wirt schenkt seinem Gast Alkohol aus, obgleich er davon Kenntnis hat, daß jener leberkrank und jeder Tropfen Alkohol für ihn schädlich ist[13]. In beiden Fällen fördert der Erste das schädliche Zweitverhalten. Dennoch erwächst aus seinem Verhalten keine Haftpflicht. Der Verkehr erlaubt ihm, seinen Geschäften ohne Rücksicht auf das drohende Verletzungshandeln anderer Personen nachzugehen.

Auch aus dem Bereich des Straßenverkehrs lassen sich Beispiele bilden, die die Richtigkeit der Haftungsfreistellung des Erstverursachers belegen. Man stelle sich vor, daß jemand ständig auf der linken Spur fährt und auf diese Weise einen nachfolgenden Kraftfahrer „zur Weißglut bringt". In äußerster Erregung zieht dieser seinen Wagen plötzlich auf die rechte Fahrspur, um dort zu überholen. Dabei paßt er nicht auf und rammt einen rechts fahrenden PKW[14]. Der solchermaßen Geschä-

---
[12] Siehe dazu oben B.II.4.b).
[13] Vgl. auch das bei Thalheim besprochene Beispiel (ohne C.II.1.a) bb), Fußn. 16).
[14] Ähnlich liegt der Fall, den das OLG Köln mit Urteil v. 4.11.1965 (NJW 1966, 110 f.) entschied: Der Kläger war mit seinem PKW ständig auf der linken Fahrspur gefahren und hatte so den Beklagten, einen Motorradfahrer, am Überholen gehindert. Dieser hatte den Kläger schließlich rechts überholt und sich in einer Entfernung von 6-7 m wieder vor dem Kläger eingeordnet, um diesen zu ärgern. Der Kläger war auf das Motorrad aufgefahren und hatte Ersatz der Reparaturkosten für sein Fahrzeug verlangt. Das OLG sah

digte hat keinen deliktischen Ersatzanspruch gegen den Linksfahrer; er kann sich allein an den Rechtsüberholer halten. Ferner: Jemand verschuldet einen Verkehrsunfall. Auf der gegenüberliegenden Fahrbahn kommt es wegen der Neugier der Fahrer zu einem Verkehrsstau, bei dem sich zahlreiche Auffahrunfälle ereignen. Hier ist jedem einsichtig, daß der Verantwortungsbereich des Unfallschuldigen nicht auch solche Folgeereignisse umspannt. An dieser Stelle sind schließlich auch der Grünstreifen-Fall und seine Abwandlungen[15] zu nennen. Der Entscheidung des BGH v. 16. 2. 1972[16] ist im Ergebnis zuzustimmen. Die Haftung des LKW-Fahrers erstreckt sich nicht auf die Beschädigung des Grünstreifens. Entscheidend dafür sind die Freiwilligkeit und Gleichordnung des Verhaltens der nachfolgenden Kraftfahrer. Es wirken sich die Bedenken gegenüber einer Fremdverantwortlichkeit in der Form der Haftungsfreistellung des Erstverursachers aus. Gleiches gilt für die bezeichneten Abwandlungen: Der Unfallschuldige ist weder für einen Schaden verantwortlich, den ein „Grünstreifenbefahrer" an seinem Fahrzeug erleidet, noch dafür, daß ein ungeduldiger Fahrer einen Umweg wählt und dabei sich oder Dritte verletzt.

Ich meine, daß an den genannten Beispielen[17] die Richtigkeit des Grundsatzes der Haftungsfreistellung hinreichend deutlich geworden ist. Das Fallmuster der psychisch vermittelten Kausalität ist dadurch gekennzeichnet, daß unfreies und subordiniertes Folgehandeln regelmäßig zuzurechnen, freies und gleichgeordnetes dagegen prinzipiell vom Verantwortungsbereich des Einzelnen auszuschließen ist. Die Betrachtung sowohl der grundlegenden Aspekte als auch des Fallmaterials stützt diese Aussage. Es können schließlich auch die Erkenntnisse nutzbar gemacht werden, die die Rechtsprechung und das Schrifttum im Hinblick auf die Rechtsfigur des sog. „Handelns auf eigene Gefahr"[18]

---

in dem andauernden Linksfahren des Klägers keine adäquate Ursache für den Auffahrunfall und berücksichtigte diesen Aspekt bei der Abwägung nach § 254 und § 17 StVG nicht. — Im Ergebnis ist dem zuzustimmen. Der Grund ist, daß der Beklagte (auch im Hinblick auf § 254) einen neuen Verantwortungsbereich begründet hatte.

[15] A.II.1.b) bb) und C.II.3.
[16] Vgl. oben A.I.
[17] Ein weiteres Beispiel wird vom BGH in der Entscheidung v. 24. 3. 1964 (NJW 1964, 1364 l. Sp.) erwähnt: „Wer etwa bei einer spontan zustandegekommenen Wettfahrt waghalsig fährt, obwohl sein ‚Verfolger' ersichtlich jedes gefährliche Manöver mitmacht, hat nicht unzulässig auf dessen Eigentum eingewirkt, wenn der zweite Wagen schließlich verunglückt. Es fehlt dann vielmehr an jedem Verletzungstatbestand. Dieser könnte nicht etwa in der Herausforderung des Ehrgeizes gefunden werden, die den zweiten Fahrer zu dem freien Entschluß bestimmt hat, sich auf das gewagte Unternehmen einzulassen."
[18] Im Rahmen der vorliegenden Untersuchung soll auf diese Rechtsfigur über das Auszuführende hinaus nicht näher eingegangen werden. Insbeson-

II. Die eigene Konzeption

gewonnen haben. Ein solches Handeln soll vorliegen, „wenn sich jemand ohne triftigen Grund in eine Situation drohender Eigengefährdung begibt, obwohl er die besonderen Umstände kennt, die für ihn eine konkrete Gefahrenlage begründen"[19]. Stoll, der sich mit dieser Rechtsfigur eingehend befaßt, unterscheidet zwischen „echtem" und „unechtem" Handeln auf eigne Gefahr[20]. Ersteres — so meint er — begrenze die Pflichtstellung des Erstverursachers. Anders formuliert: Dem „echten" Handeln auf eigene Gefahr brauche der Pflichtige nicht vorzubeugen. Dem „unechten" Handeln aber müsse er entgegenwirken. Er sei dem Grunde nach verantwortlich, wobei sich die Höhe des Ersatzanspruches des Verletzten gem. § 254 mindere. Ich halte diese Unterscheidung für richtig. Darin, daß bei „echtem" Handeln auf eigene Gefahr der Haftungsgrund entfällt, sehe ich überdies einen Ausfluß des bezeichneten Grundsatzes der Haftungsfreistellung auf bestimmte Kategorien von Zweipersonensachverhalten[21]. Wenn z. B. der Teilnehmer einer Sportveranstaltung das Risiko gewöhnlicher Sportunfälle selbst tragen muß und nicht auf den Veranstalter abwälzen darf[22], so sind dafür jedenfalls auch die geschilderten rechtsphilosophischen, -ethischen und -politischen Bedenken gegenüber einer Haftung für fremde Willensbetätigungen ausschlaggebend[23]. Gleiches gilt für die Fälle, in denen jemand keinen Ersatz für eine Verletzung verlangen kann, die er sich beim unbefugten Betreten eines fremden Grundstücks[24] oder bei der Fahrt in einem fremden Wagen[25] zugezogen hat.

---

dere soll nicht geklärt werden, ob es sich dabei um ein besonderes Problem innerhalb der (weiteren) Frage nach der Haftung für fremde Willensbetätigungen handelt. Es wäre immerhin denkbar, daß die mit der Problembezeichnung „Handeln auf eigene Gefahr" erfaßten Sachverhalte völlig in dem hier untersuchten Fallmaterial aufgehen, mithin also den hier gefundenen Abgrenzungsmaßstäben unterliegen. Das aber sollte Gegenstand einer besonderen Untersuchung sein.

[19] So die Umschreibung des BGH im Urteil v. 14. 3. 1961 (NJW 1961, 656 l. Sp.). Zuweilen wird das Anwendungsgebiet der Rechtsfigur auch weiter gefaßt, nämlich auf das Laufen eines nur *erkennbaren* Risikos ausgedehnt (so z. B.: Deutsch, Gefahr, 887). Das entspricht der hier erarbeiteten Definition freiwilligen Zweithandelns; vgl. dazu oben C.II.1.b) bb) (1). — Vgl. insgesamt zu den unterschiedlichen Definitionen: Stoll, Handeln, 1 ff.

[20] Stoll, aaO, bes. 345 ff.

[21] Stoll, aaO, 366, ist allerdings der Auffassung, es gebe keinen Grundsatz, nach dem „derjenige, der sich freiwillig bewußt einer Gefahr aussetzt, bei Verwirklichung der Gefahr keine Schadensersatzansprüche erheben kann. — Indessen ist es durchaus denkbar, daß das (hier anerkannte) Prinzip der Haftungsfreistellung für freies und gleichgeordnetes Folgehandeln anhand der von Stoll untersuchten Fallgruppen, nämlich der Teilnahme an gefährlichen Veranstaltungen, dem Betreten fremder Anlagen und der Mitfahrt in fremden Kraftfahrzeugen, noch nicht deutlich wird. Es gewinnt aber jedenfalls Konturen, wenn — wie vorliegend — die Sachverhalte des Förderns fremder Willensbetätigungen umfassend betrachtet werden.

[22] Vgl. Stoll, aaO, 241 ff., bes. 243.

[23] Weitere Gesichtspunkte nennt Stoll, aaO.

Ist also die Richtigkeit des Grundsatzes der Haftungsfreistellung erwiesen, steht zugleich fest, daß — jedenfalls im Hinblick auf das einschlägige Problem — das Bemühen um Einzelfallgerechtigkeit nicht zur völligen Aufgabe einer systematischen und auf Regelbildung hinauslaufenden Betrachtungsweise führen darf[26]. Diesem Aspekt muß vielmehr Rechnung getragen werden, indem die Möglichkeit und Notwendigkeit zum Absehen vom Prinzip anerkannt wird. Ein Grundsatz wie der bezeichnete darf nicht mit einem kategorischen Geltungsanspruch versehen werden. Er muß die Bedeutung einer Richtschnur behalten. Nur auf die Weise wird eine flexible Handhabung der Deliktsnormen gewährleistet, die den Rechtsanwendenden in den Stand versetzt, seine Entscheidung in jedem Fall mit der Verkehrsauffassung in Einklang zu bringen. So wurde denn auch die Starrheit der angebotenen Lösung der Lehre von der Unterbrechung des Kausalzusammenhanges zum Verhängnis. In ihrer Gestalt wurde sie zu Recht aufgegeben. Das Kriterium der Freiwilligkeit des Zweitentschlusses reicht allein nicht aus. Bei der Ablehnung der Lehre durch die Rechtsprechung und das Schrifttum wurde freilich ihr richtiger Ansatz übersehen. Statt dessen gewann die Adäquanztheorie die Oberhand, deren Entscheidungskriterium zwar — wie nunmehr feststeht — nicht paßt, in der Verwendung jedoch ungleich dehnbarer ist als das der Freiwilligkeit der Folgetat; denn es ist verhältnismäßig einfach, weil schwer überprüfbar, einen billigerweise zurechenbaren Verletzungserfolg als typisch, einen gerechtermaßen nicht zu verantwortenden als atypisch zu bezeichnen[27].

(2) Ausnahmen vom Grundsatz der Haftungsfreistellung

Zu klären ist, für welche Sachlagen eine Ausnahme vom Grundsatz der Haftungsfreistellung angemessen ist. Vorab muß auf zweierlei hingewiesen werden. Zum einen sind die Ausnahmen nicht aus den grundlegenden Aspekten ableitbar. Jene erlauben lediglich die Feststellung, daß die eine Haftungsfreistellung fordernden Rechtswerte, Rechtsprinzipien und Interessen grundsätzlich das Kräftespiel beherrschen. Vorliegend aber muß es darum gehen, Gesichtspunkte herauszufinden, die nach der Verkehrsauffassung dennoch eine Haftung des Erstverursachers nahelegen. Das Verfahren kann dabei nur ein topisches sein[1]; die darzustellenden Kriterien entziehen sich systematischer

---

[24] Dazu Stoll, aaO, 264 ff., bes. 269 ff.
[25] Dazu Stoll, aaO, 296 ff.
[26] Vgl. dazu oben A.II.2.b
[27] Vgl. dazu Hübner, Schadenszurechnung, 63 (mwN), nach dem die Qualität der Adäquanztheorie für die Rechtsprechung vor allem „in ihrer Manipulierbarkeit zum Zwecke gerechter Schadensverteilung" liegt.
[1] Dazu ausführlich Friese, 117 ff., bes. 122 ff. (mwN).

Betrachtungsweise[2]. Zum anderen ist zu bemerken, daß der folgende Katalog nicht vollständig sein kann. Nicht jede mögliche Fallkonstellation kann bedacht und geschildert werden. Es soll vielmehr der Versuch unternommen werden, die in der Diskussion befindlichen Sachverhalte, auf die der Grundsatz der Haftungsfreistellung nicht paßt, zu ordnen und gegebenenfalls Abgrenzungsmaßstäbe aufzuzeigen.

(a) Der Gesichtspunkt des vertrauten Verhältnisses zwischen dem Täter und dem Verletzten

In der Mehrzahl der Deliktsfälle stehen der Täter und der Verletzte vor dem schädigenden Ereignis in keiner näheren Beziehung zueinander. Beide verbindet lediglich die Teilnahme am Verkehr. Die Auswirkungen des Täterverhaltens treffen den Verletzten so zufällig, wie sie jeder andere spüren könnte. Der Blick sei nunmehr auf Konstellationen gerichtet, in denen Täter und Verletzter bereits vor dem Schadensfall miteinander vertraut sind. Eine solche Sachlage bringt es vielfach mit sich, daß die Beteiligten nach der Verkehrsauffassung verpflichtet sind, Rechte und Rechtsgüter des jeweils anderen zu beschützen. Wie sich anhand der folgenden Beispiele zeigen wird, obliegt es dem Pflichtigen dabei regelmäßig, die zu bewachenden Objekte auch vor fremdem Verletzungshandeln zu sichern. Man stelle sich vor, daß mehrere Mieter eines Hauses gemeinsam eine Tiefgarage benutzen. Einer der Mieter versäumt es, abends die Garage zu verschließen. Eine zufällig in der Nähe stehende Person beobachtet dies, dringt in die Garage ein und entwendet aus einem abgestellten PKW einige Gegenstände. Ein weiterer Fall: Eine Mutter bittet eine Bekannte, ihre 8jährige Tochter über das Wochenende zu sich zu nehmen und zu beaufsichtigen. Die Bekannte erklärt sich dazu bereit. Als sie das Kind bei sich hat, erhält sie Besuch von ihrem Bruder, der mehrfach wegen sexueller Handlungen mit Kindern vorbestraft ist. Obgleich die Bekannte davon Kenntnis hat, läßt sie das Mädchen und ihren Bruder mehrere Stunden allein. Der Mann vergeht sich an dem Kind, das dadurch einen schweren Schock erleidet. Und schließlich: Der Organisator eines Automobilrennens versäumt es, die Piste durch ausreichend hohe Absperrungen zu sichern[3]. Aus diesem Grund ist es einem Zuschauer möglich, die Fahr-

---

[2] Zu Recht spricht Dunz, Fremde Unrechtshandlungen, 136 (l. Sp.) von „der Vielschichtigkeit und gelegentlichen Inkonsequenz der Verkehrsauffassung", die eine systematische Analyse verhindert.
[3] Über eine ähnliche Pflichtverletzung hatte das OLG Karlsruhe am 13. 1. 1954 zu entscheiden (VRS 7 Nr. 189; vgl. dazu Stoll, Handeln, 61 f., 64, 75 u. 249). — Es war darum gegangen, daß der Veranstalter eines Rennens, der Beklagte, die Zuschauer lediglich durch einen Sicherungsstreifen von 6 m Breite von der Rennpiste zurückgehalten hatte. Bei einem Unfall war ein Zuschauer, der Kläger, verletzt worden. Anders als im obigen Beispielsfall hatte demnach nicht der Zuschauer, sondern hatten die verunglückten Fahrer als Zweitverursacher gehandelt.

bahn zu betreten, um die Straßenseite zu wechseln. In diesem Moment taucht ein Rennfahrer auf, muß ausweichen und verunglückt schwer.

Das Zweithandeln, d. h. der Diebstahl, das sexuelle Vergehen sowie das Überqueren der Piste, ist in allen Fällen frei. Das Verhalten ist ferner der Ersttat, d. h. der Nachlässigkeit des Mieters, der Aufsichtsperson sowie des Organisators, gleichgeordnet. Indessen wäre die Anwendung des Grundsatzes der Haftungsfreistellung mit der Wertung des Verkehrs nicht in Einklang zu bringen. Diese geht für sämtliche Fälle dahin, den Erstverursacher als für die Verletzung verantwortlich anzusehen. Für die Verkehrsauffassung ist das gemeinsame Merkmal der Sachverhalte, d. h. das Vertrauensverhältnis zwischen Erstem und Verletztem sowie die daraus resultierende Bewachungspflicht, so wichtig, daß die sich aus der Fremdverantwortlichkeit ergebenden Bedenken zurückstehen[4]. Es ist damit die erste Sachverhaltsgruppe bezeichnet, auf die das festgestellte Prinzip nicht paßt. Entgegen der Regel sind der Mieter, die Bekannte und der Organisator schadensersatzpflichtig.

Freilich können auch bei dieser Konstellation der Verantwortlichkeit des Erstverursachers Grenzen gesetzt sein. Es gilt Gleiches wie hinsichtlich der Fälle unfreien und subordinierten Folgehandelns[5]. Zwar stehen die spezifischen Bedenken gegenüber einer Haftung für fremde Willensbetätigungen zurück, die Ersatzpflicht kann jedoch aus anderen Gründen ausgeschlossen sein. So ist es denkbar, daß eine Haftungsfreistellung des Bewachungspflichtigen auf Grund der Atypizität des Folgegeschehnisses angemessen ist. Wenn etwa im zweiten Beispielsfall der Bruder noch niemals eine derartige Verfehlung begangen hat, kann die Aufsichtsperson bedenkenlos die Wohnung verlassen. Einer solch ungewöhnlichen Handlungsweise muß sie nicht entgegenwirken.

Offen geblieben ist schließlich die Frage, wie sich in solchen Fällen das Verhältnis zwischen der vertraglichen und deliktischen Haftung gestaltet. Vielfach nämlich werden der Erste und der Verletzte zusätzlich in einer vertraglichen Beziehung zueinander stehen[6]. Man könnte nun meinen, daß derartige Konstellationen die oben getrof-

---

[4] In *diesem*, nicht aber im Larenzschen (siehe oben C.I.4.) oder im Haberhausenschen (siehe oben C.I.7.) Sinne kann der Aspekt der Pflichtverletzung Berücksichtigung finden. Die Bewachungspflicht, die dem Ersten hinsichtlich der fremden Rechte oder Rechtsgüter obliegt, löst die Überwachungspflicht hinsichtlich anderer Normadressaten (und damit die Verkehrspflicht zur Verhinderung fremder Willensbetätigungen) aus.

[5] Vgl. dazu oben C.II.4.

[6] So im eben erwähnten Rennfahrer-Fall: zwischen dem Organisator und dem verletzten Rennfahrer besteht ein Vertragsverhältnis. Ein weiteres Beispiel bietet der vom RG (Strafsachen) am 5. 1. 1922 (RGSt 56, 343 ff.) entschiedene Sachverhalt: Beim Umbau eines Gebäudes hatte der Bauleiter an

fene Feststellung über die prinzipielle Unterschiedlichkeit beider Haftungsgründe[7] widerlegen; denn offenkundig ist der Täter in jedem Fall auch vertraglich verantwortlich. Indessen ist ein solcher Schluß unzulässig. Der Verkehr kann für bestimmte Konstellationen die Grenze der Verantwortlichkeit des Einzelnen übereinstimmend mit dem Willen der Vertragsparteien abstecken. Daraus muß keineswegs eine stetige oder auch nur weitgehende Identität der Reichweite vertraglicher und deliktischer Haftung folgen. Das wird deutlich am Verwahrer-Fall[8]. Das Verhältnis zwischen Verwahrer und Eigentümer ist nicht so vertraut, daß der Verkehr Rücksichtspflichten statuiert. Er überläßt das den Vertragspartnern.

(b) Der Gesichtspunkt vorsätzlichen Handelns

Die bislang besprochenen Fälle sind in der Regel durch fahrlässiges Ersthandeln gekennzeichnet. Es sind aber auch schon Beispiele dafür genannt worden, daß der Täter bewußt und gewollt ein fremdes Tun fördert. Wenn er sich dabei die Unkenntnis des Zweiten von der Gefährlichkeit seines Verhaltens zu Nutze macht, so wird es sehr oft um die Zurechnung einer unfreien Fremdreaktion gehen; eine Haftung des Täters ist aus diesem Grunde bereits unbedenklich. Vorliegend seien nun solche Fälle betrachtet, in denen der Erste vorsätzlich handelt, während der Zweite frei und gleichgeordnet den Verletzungserfolg vermittelt. Zunächst ist an den Sachverhalt zu erinnern, in dem jemand eine Hausangestellte überredet, die wertvolle Münzsammlung des Hausbesitzers zu entwenden und ihm zu überlassen[9]. Ein anderes Beispiel: Drei Personen (A, B und C) stehen in unmittelbarer Nähe auf den Rängen eines Sportstadions. A bekommt mit, wie C den vor ihm stehenden B dadurch reizt, daß er ihm ständig von hinten Kieselsteine an den Mantel wirft. Als sich B daraufhin umdreht und dem C ankündigt, er wolle handgreiflich werden, stellt dieser sein Treiben ein. Daraufhin nimmt A einen Kieselstein und bewirft den B, weil er eine Schlägerei zwischen beiden wünscht. B dreht sich um und verprügelt den C.

---

seine Arbeiter die Anweisung gegeben, mit dem Schuttabräumen zu beginnen. Zu diesem Zeitpunkt waren noch Dachstuhlarbeiten erforderlich gewesen. Auf Grund eines Fehlverhaltens des Zimmermeisters bei diesen Arbeiten war kurze Zeit später die Giebelmauer eingestürzt. Die mit dem Schuttabräumen befaßten Arbeiter waren dadurch verletzt worden, einer von ihnen tödlich. — Der Bauleiter bzw. die durch ihn repräsentierte Firma und die Arbeiter hatten auch hier in einem (arbeits)vertraglichen Verhältnis gestanden. Ein Ersatzanspruch gegenüber dem Bauleiter bzw. seiner Firma hätte demnach sowohl eine vertragliche als auch eine deliktische Grundlage haben können.

[7] A.I.
[8] C.I.4.
[9] C.I.7.

An den Fällen wird deutlich, daß die Verkehrsauffassung auch bei vorsätzlichem Erstverhalten von der grundsätzlichen Haftungsfreistellung absieht; denn es bedarf keiner näheren Begründung, daß sich in den genannten Sachverhalten die Haftung des Vorsatztäters auf die eingetretene Rechts- bzw. Rechtsgüterverletzung erstreckt. Maßgeblich dafür ist die Rechtsüberzeugung, den Vorsatztäter einer weitaus strengeren Beurteilung zu unterziehen als den Fahrlässigen[10]. Dieses Prinzip hat nicht nur innerhalb des vorliegend zu behandelnden Problemkreises Auswirkungen. So ist nach der Regelung des § 830 der vorsätzlich Handelnde selbst dann verantwortlich, wenn er den Verletzungserfolg gar nicht herbeigeführt hat[11]. Der Topos des Erstvorsatzes führt mithin zu einer Durchbrechung des Verursachungsgrundsatzes, der das Deliktsrecht beherrscht. Ferner wird im Hinblick auf den Tätervorsatz schon seit langem von der Regel abgesehen, nur typische Folgen dem Verantwortungsbereich zuzurechnen. Wer etwa aus einer weiten Entfernung auf einen Menschen schießt und ihn trifft, haftet für die Folgen ohne Rücksicht darauf, daß der Treffer möglicherweise unwahrscheinlich war[12].

Vorliegend nun ist der Vorsatz des Erstverursachers ein Gesichtspunkt, der die Regel von der Haftungsfreistellung für freies und gleichgeordnetes Tun außer Kraft setzt. Wer ein fremdes Handeln sowie den daraus resultierenden Erfolg wünscht und beides fördert, steckt die Grenze der ihm zurechenbaren Folgen selbst ab. Die Verkehrsauffassung trägt dem Rechnung und läßt ihn haften.

(c) Der Gesichtspunkt der Gewalt über eine Gefahrenquelle

Oftmals geht der Verletzungserfolg darauf zurück, daß der Täter eine von ihm beherrschte Gefahrenquelle nicht hinreichend gesichert hat. Es handelt sich um Sachlagen, für die das Rechtsinstitut der sog. Verkehrssicherungspflichten[13] entwickelt worden ist. Auszuscheiden sind auch hier solche Konstellationen, in denen das Zweitverhalten, also die Handhabung des gefährlichen Objekts, unfrei oder subordiniert

---

[10] Vgl. dazu etwa Rabel, 507; v. Caemmerer, Wandlungen, 484; Deutsch, Zurechnung, 40.

[11] Siehe dazu: oben A.I., Fußn. 19.

[12] Vgl. Rutkowsky, 607 (r. Sp.); Heinrich Lange, 121 (Anm. 42); Dunz, Verkehrsrichtiges Verhalten, 510 (l. Sp.); vgl. auch: oben B.II.1.b) aa).

[13] Vgl. zur Frage, hinsichtlich welcher Fallgruppen das Rechtsinstitut der Verkehrssicherungspflicht Verwendung findet: Esser, Lehrbuch II, § 108 II (413 ff.). — Oben wurde bereits darauf hingewiesen, daß Verkehrssicherungspflichten besondere Kategorien allgemeiner Verkehrspflichten sind (oben C.I.7). Demnach erschöpft sich ihre Bedeutung darin, dem Einzelnen in bestimmten Situationen (Sicherungs-)Pflichten aufzuerlegen. Im übrigen jedoch gehen sie völlig im dogmatischen Gefüge des Deliktsrechts auf.

II. Die eigene Konzeption

ist[14]. Hier ruft die Zurechnung keine besonderen Fragen hervor. Zu klären ist, wie das übrige Fallmaterial zu bewerten ist. Drei Beispielsfälle sind schon geschildert worden. Es handelt sich einmal um den Fall, in dem der Jäger sein Gewehr unbeaufsichtigt läßt und dadurch dem Gast die Möglichkeit zum Raubüberfall gibt[15]. Zum anderen ist es der Sachverhalt, der der Entscheidung des BGH v. 15. 12. 1970[16] zu Grunde lag. Ein Autobesitzer hatte durch die Nichtsicherung seines Wagens einen Diebstahl ermöglicht. Der Dieb hatte mit dem Wagen einen Polizeibeamten vorsätzlich verletzt. Und schließlich wurde folgendes Beispiel angeführt: Der Hausbesitzer unterläßt es, den Gehweg vor seinem Haus zu streuen. Ein Passant bemerkt die Glätte des Bodens. Er überquert den ungestreuten Gehweg, weil ihm ein Umweg zu lästig erscheint. Dabei rutscht er aus und verletzt sich[17].

Die Haftung des Täters in den ersten beiden Sachverhalten wurde bereits für richtig befunden[18]. Ebenso halte ich den Streupflichtigen für das Geschehen jedenfalls dem Grunde nach für verantwortlich[19]. Inwieweit der Ersatzanspruch des Passanten gem. § 254 herabzusetzen ist[20], soll vorliegend außer Betracht bleiben. Es zeigt sich also, daß der Gesichtspunkt der Nichtsicherung einer Gefahrenquelle nach der Verkehrsauffassung die eine Haftungsfreistellung intendierenden Aspekte überwiegt[21]. Anders formuliert: Der Sachwalter ist nicht berechtigt, die ihm zumutbare Entschärfung der riskanten Situation unter Hinweis auf das verantwortliche Zweithandeln zu unterlassen. Das In-Verkehr-Bringen oder das In-Verkehr-Halten der Gefahrenquelle bedingt erhöhte Rücksichtspflichten. Der Grundsatz der Haftungsfreistellung entfaltet insoweit keine Wirkungen[22, 23].

---

[14] Als Beispiel möge folgender Fall dienen: Ein Jäger stellt seine geladene Waffe im Flur seines Hauses ab. Der achtjährige Sohn des Jägers spielt mit der Waffe herum, ein Schuß löst sich und trifft einen zufällig anwesenden Besucher. — Hier ist das Zweithandeln subordiniert. Eine Zurechnung ist schon aus diesem Grunde unbedenklich.
[15] B.II.1.a) bb).
[16] C.I.1.
[17] C.II.2.d), Fußn. 27.
[18] aaO.
[19] Vgl. Stoll, Handeln, 87.
[20] Damit befaßt sich das Urteil des RG v. 17. 3. 1919 (RGZ 95, 154 ff.).
[21] Vgl. dazu auch Deutsch, Haftungsrecht I, 165.
[22] Mit dieser Begründung ist auch der vom RG am 27. 9. 1929 (RGZ 125, 374 ff.) entschiedene Fall zu lösen. Ein Arzt hatte auf einem Rezept das verlangte Medikament, eine vom Apotheker herzustellende Mischung, stark abgekürzt bezeichnet. Der Apotheker hatte die Anweisung mißverstanden und eine tödliche Lösung hergestellt. Obgleich eine Fahrlässigkeit des Apothekers nicht auszuschließen war, verurteilte das RG den Arzt zum Schadensersatz. Dem Ergebnis ist zuzustimmen. Entscheidend ist, daß auch die Ausübung des Arztberufes (bei entsprechendem Fehlverhalten) eine Gefah-

Es ist bereits darauf hingewiesen worden, daß die Grenze der Verantwortlichkeit des solchermaßen Pflichtigen nur unzureichend mit dem Kriterium der Typizität des drohenden Verletzungserfolges markiert werden kann[24]. Wie in dem vom BGH am 15.12.1970 entschiedenen Fall[25] richtet sich die Pflichtstellung mitunter auch auf die Verhinderung einer solchen Entwicklung, die nicht mehr zu den regelmäßigen Folgen einer Handlung gezählt werden kann. Der Grund ist, daß ein sorgsamer Sachwalter auch ungewöhnliche Fremdhandlungen einkalkuliert und zur Grundlage seines Verhaltens macht. Freilich wird es auch hinsichtlich dieser Sachverhaltskategorie Zurechnungsgrenzen geben. Vorliegend aber können sie unberücksichtigt bleiben, weil der besondere Aspekt der Haftung für fremde Willensbetätigungen nicht entscheidungserheblich ist.

(d) Der Gesichtspunkt der Herbeiführung einer Notsituation

Die Sachverhalte der Nothilfe wurden bereits einmal erwähnt[26, 27]. Sie sind dadurch bestimmt, daß der Täter eine Notsituation schafft, die eine fremde Person zu einer Hilfsaktion veranlaßt. Kommt es bei dem Fremdhandeln zu einer Verletzung — sei es zu einer Selbst- oder Drittverletzung —, so stellt sich die Frage nach der Haftung des Täters. Die Sachlage sei an zwei Fällen demonstriert: Den ersten hatte der BGH am 14.6.1960 zu entscheiden[28]. Der 19jährige Beklagte hatte mit seinem Meister einen Waffengraveur besucht. Eine Zeitlang war er allein in einem Raum geblieben und hatte mit einer auf dem Tisch liegenden Pistole herumgespielt. Dabei hatte er das gefüllte Magazin in die Waffe eingeführt und vergeblich versucht, es wieder herauszuziehen. Der Meister war zurückgekommen und hatte dem Beklagten die Waffe aus der Hand gerissen. Bei dieser Gelegenheit hatte sich ein Schuß gelöst, der den inzwischen hinzugetretenen Kläger verletzt hatte.

---

renquelle darstellt. — Weitere Beispiele sind den Kommentaren zu entnehmen (vgl. etwa: Erman / Drees, § 823, Rdn. 49 ff.; RGRK, § 823, Anm. 10; Soergel / Zeuner, § 823, Rdn. 185 ff.). Es würde an dieser Stelle zu weit führen, den Gesichtspunkt der Gewalt über eine Gefahrenquelle anhand sämtlicher Konstellationen zu verdeutlichen.

[23] Auf diese Weise ist der Gesichtspunkt der außerordentlichen Gefährlichkeit, auf den Luer abstellt (vgl. C.I.5.), verwertbar.

[24] C.I.1.

[25] NJW 1971, 459 ff.; vgl. oben C.I.1.

[26] C.I.4.

[27] Der Sachverhaltsgruppe ist die Arbeit Nökels („Die Rechtsstellung des Nothelfers, Angloamerikanisches im Vergleich zum deutschen Recht") gewidmet. In dieser Untersuchung findet sich auch ein Überblick über die Rechtsprechung (89 ff.). Vgl. ferner etwa Stoll, Wagon Mound, 390 f.; Rother, Haftungsbeschränkung, 102 ff.; Luer, 145 ff.; v. Caemmerer, Schutzbereich, 291; Larenz, Lehrbuch I, § 27 III b 3 (S. 323); Martens, 745 l. Sp.; Deutsch, Anmerkung I, 642 (r. Sp.); ders., Haftungsrecht I, 165 f.

[28] VersR 1960, 924; vgl. dazu Huber, 680 (r. Sp.).

II. Die eigene Konzeption

— Über den zweiten Sachverhalt urteilte das OLG Stuttgart am 24. 11. 1964[29]. Der Beklagte hatte im alkolisierten Zustand einen PKW gesteuert, in dem außer ihm zwei Arbeitskollegen gesessen hatten. Er war mit dem Wagen auf einen parkenden LKW aufgefahren. Dabei war sein Fahrzeug in Brand geraten. Der Kläger hatte gemeinsam mit einem weiteren Beteiligten die Insassen aus dem brennenden Wagen gerettet und sich dabei verletzt.

Die Rechtsprechung hält den Verursacher derartiger Notsituationen für verpflichtet, dem Helfer oder dritten Personen — innerhalb bestimmter Grenzen[30] — Schadensersatz zu leisten[31]. Auch im Schrifttum wird solchermaßen die deliktische Haftpflicht des Täters anerkannt[32]. Zwar kann die Verantwortlichkeit des Ersten nicht mit der Unfreiheit der Hilfsaktion erklärt werden; die sittlichen und rechtlichen Motive, von denen sich der Helfer vielfach leiten läßt, heben die Freiheit seiner Willensbetätigung nämlich nicht auf[33]. Indessen ist auch hinsichtlich der Nothilfefälle eine Ausnahme vom Prinzip der Haftungsfreistellung angemessen. Den Zurechnungsgesichtspunkt nennt Luer[34]. Zu Recht weist er darauf hin, daß an der Hilfsaktion — jedenfalls unter bestimmten Voraussetzungen — ein öffentliches Interesse besteht. Dieses Anliegen tritt beispielsweise in der Vorschrift des § 330 c StGB und anderen Ortes hervor[35]. Wenn aber die Rechtsgemeinschaft das Fremdhandeln begrüßt und teilweise sogar fordert, so ist es nur folgerichtig, den Helfer zu entlasten. Dieser wird in die Lage versetzt, das Schadensrisiko seines Verhaltens auf den Urheber der Situation abzuwälzen. Dabei wird ferner berücksichtigt, daß die Bekämpfung der akuten Gefahrenlage eigentlich nicht dem Eingreifenden, sondern dem Täter obliegt. Der Helfer wird gewissermaßen innerhalb eines fremden Verantwortungsbereiches tätig.

Wie bereits angedeutet wurde, ist der Erste jedoch nicht unbegrenzt ersatzpflichtig. Obgleich bei der Ermittlung der Reichweite seiner Haf-

---

[29] NJW 1965, 112; vgl. ferner den Fall, über den das LG Heidelberg am 15. 12. 1965 (VersR 1968, 53) urteilte; dazu v. Caemmerer, Schutzbereich, 291 l. Sp.
[30] Vgl. dazu die folgenden Ausführungen.
[31] Vgl. die Übersicht bei Nökel, 89 ff.
[32] Vgl. die in Fußn. 27 Genannten. Ablehnend bzw. skeptisch: Schwarz, 164 (r. Sp.); Rother, Haftungsbeschränkung, 102 ff.; vgl. dazu Nökel, 101 ff.
[33] So ausdrücklich auch Luer, 145. — Nicht ohne Grund spricht man vom „freiwilligen Helfer".
[34] Luer, aaO.
[35] Luer, aaO, nennt außer der Vorschrift des § 330 c StGB die des § 539 I Nr. 9 RVO, der insoweit lautet: „In der Unfallversicherung sind ... gegen Arbeitsunfall versichert ... Personen, die bei Unglücksfällen oder gemeiner Gefahr oder Not Hilfe leisten oder einen anderen aus gegenwärtiger Lebensgefahr oder erheblicher gegenwärtiger Gefahr für Körper oder Gesundheit zu retten unternehmen."

tung nicht auf die spezifischen Fragen der Fremdverantwortung einzugehen ist — denn die sich aus der Haftung ergebenden Bedenken stehen zurück —, sei wegen des praktischen Bedürfnisses auf Entscheidungskriterien eingegangen. Dazu der folgende Sachverhalt: Ein Kraftfahrer hat schuldhaft einen Verkehrsunfall verursacht. Jemand stürzt sich in das brennende Fahrzeug, um ein auf dem Rücksitz liegendes Kofferradio herauszuholen. Dabei trägt er schwere Verbrennungen davon. Er verlangt nunmehr vom Unfallschuldigen Schadensersatz. Ferner: Ein Familienvater zündet die Kerzen seines Weihnachtsbaumes unvorsichtig an[36]. Es entsteht ein Zimmerbrand, und die Feuerwehr wird verständigt. Die Löschmannschaften beschädigen den Vorgarten des Hauses. Wie sich später herausstellt, ist dies für die Bekämpfung des Brandes nicht unbedingt erforderlich. Und schließlich ein letztes Beispiel: Jemand verschuldet mit einem fremden Wagen einen Verkehrsunfall. Er wird dabei auf dem Fahrersitz eingeklemmt. Ein Helfer kommt hinzu und versucht, den Fahrer zu befreien. Zu diesem Zweck wirft er achtlos seine Zigarette auf den Boden, obgleich erkennbar aus dem Unfallwagen Benzin ausläuft. Infolge des nun entstehenden Brandes entsteht am Wagen ein weiterer Schaden, dessen Ersatz der Eigentümer ebenfalls vom Fahrer verlangt.

An den drei Sachverhalten wird deutlich, daß dem Täter nicht jede Nothilfeaktion angelastet werden kann. Bei der Entwicklung von Abgrenzungskriterien ist — so meine ich — zwischen dem Entschluß zum Eingreifen und dessen Durchführung zu trennen.

Eine Haftung des Täters ist nur anzunehmen, wenn der Entschluß des Helfers den Grundsätzen der Verhältnismäßigkeit entspricht[37]. Das bedeutet, daß der Wert des zu rettenden Gutes und die Wahrscheinlichkeit des Rettungserfolges nicht wesentlich geringer sein dürfen als die Gewichtigkeit der durch die Aktion bedrohten Interessen und die Möglichkeit ihrer Beeinträchtigung. Diese Abgrenzungsmaßstäbe können aus dem erwähnten Zurechnungsgrund abgeleitet werden[38]: Eine Hilfsmaßnahme, die auf einen solchermaßen unverhältnismäßigen Entschluß zurückgeht, liegt nicht im öffentlichen Interesse und wäre auch nicht vom Urheber der Notsituation vorzunehmen. Infolgedessen wird sie von dessen Verantwortungsbereich nicht umspannt[39]. Allein der Helfer hat die Risiken eines solchen Handelns zu tragen. Erkennbar ist

---

[36] Vgl. den Fall, der dem RG — Urt. v. 24. 11. 1942 (DR 1943, 616) zu Grunde lag.
[37] Vgl. Luer, 148.
[38] Vgl. Luer, aaO.
[39] Eine Quotelung des Schadens gem. § 254 ist nicht möglich; vgl. die Darstellung hinsichtlich der Verfolgungsfälle, bei denen diese Frage umstritten ist, C.II.4.a) bb) (1) (e).

II. Die eigene Konzeption

das am Fall der Bergung des Kofferradios. Hier steht die Selbstgefährdung des Retters im krassen Mißverhältnis zum Nutzen der Aktion. Dem entspricht die Haftungsfreistellung des Ersten.

Ist der Hilfsentschluß verhältnismäßig, so steht damit die Verantwortlichkeit des Täters noch nicht fest. Ein Ausschluß muß sich auch auf Grund eines bestimmten Fehlverhaltens bei der Durchführung der Aktion ergeben können. Das Beispiel der achtlos weggeworfenen Zigarette veranschaulicht das. Es wäre unangemessen, den Unfallschuldigen für den dadurch entstandenen Zusatzschaden haften zu lassen. Hinsichtlich der Ausführung des Rettungsentschlusses versagt freilich das Kriterium der Verhältnismäßigkeit. Da jede Sachwidrigkeit unverhältnismäßig ist, wäre der Erste von der Haftung für jedes Fehlverhalten des Retters freizustellen. Daß eine solche Lösung unhaltbar ist[40], zeigt aber der Feuerlösch-Fall: Dem für das Feuer Verantwortlichen kann auch die (unsachgemäße) Beschädigung der Rasenfläche zugerechnet werden[41]. Mir scheint, daß die Entscheidung des einzelnen Falles ein ganzes Bündel von Gesichtspunkten, etwa den Grad der Sachwidrigkeit, den Ausbildungsstand der zu erwartenden Helfer und die gebotene Eile, zu berücksichtigen hat. Dabei hat der Rechtsanwendende herauszufinden, ob das fehlerhafte Vorgehen aus der konkreten Situation heraus als verständlich zu bewerten ist. Wenn dem so ist, erstreckt sich der Verantwortungsbereich des Ersten auf das Zweithandeln[42]. Andernfalls haftet allein der Helfer für seine Sachwidrigkeit[43].

---
[40] Vgl. auch: Reinecke, 57; Rother, Haftungsbeschränkung, 106.
[41] Vgl. Hermann Lange, Gutachten, 49.
[42] Daß der Helfer sachwidrig gehandelt hat, kann zu einer Minderung seines Ersatzanspruches gem. § 254 führen; vgl. Rother, Haftungsbeschränkung, 102 ff., bes. 106.
[43] In diesem Zusammenhang muß auch der eingangs erwähnte sog. Dattelner-Schleusen-Fall (A.II.2., Fußn. 63) gesehen werden (vgl. dazu etwa Heinrich Lange, 120; Reinecke, 53 ff.; Huber, 680; Friese, 218; v. Caemmerer, Schutzbereich, 285 ff.): Vor dem Einschleusen zweier Schiffe hatte ein Schiffer die Breite seines Schiffes falsch angegeben. Weil die Schleuse zu eng gewesen war, hatten sich daraufhin beide Schiffe verklemmt. Das Schleusenpersonal hatte zur Hebung des Wasserspiegels Wasser einströmen lassen, d. h. also die in der Auswahl richtige Maßnahme getroffen. Ein Gehilfe hatte jedoch zu schnell zu viel Wasser einlaufen lassen; zusätzlich war ein Stromausfall hinzugekommen, der das Schließen der Schleusentore verhindert hatte. Das Schiff, dessen Eigner zuvor die richtigen Angaben über die Breite gemacht hatte, war gekentert. — Die Frage war, ob der Schiffer, der die unrichtigen Angaben gemacht hatte, für das Folgegeschehnis, d. h. auch für die unzweifelhaft sachwidrige Hilfsaktion des Schleusenpersonals verantwortlich war. Das Berufungsgericht hatte diese Frage bejaht. Der BGH rügte, daß dabei nicht berücksichtigt worden war, ob das technische und menschliche Versagen bei der Hilfsaktion die Haftung des Täters ausschließt. Das ist in der Sache völlig zutreffend (so auch: Reinecke, bes. 57 ff.; dagegen: v. Caemmerer, Schutzbereich, 286 l. Sp.). Auf Grund sämtlicher Umstände des Falles mußte geklärt werden, ob die Fehlhandlungen des Schleusenpersonals noch oder nicht mehr verständlich gewesen waren (von Reinecke, aaO, wird letzteres angenommen; die Frage soll und kann hier nicht beantwortet werden).

(e) Der Gesichtspunkt der Auslösung einer Verfolgungsjagd

Ähnlich den Nothilfefällen sind die zuletzt durch einige höchstrichterliche Urteile[44] aktuell gewordenen Verfolgungsfälle strukturiert[45]. Bei ihnen gibt der Erstverursacher einer Zweitperson die Veranlassung, ihn zu verfolgen und dadurch eine gefährliche Situation für sich oder Dritte heraufzubeschwören. Als Beispiel möge zunächst der vom BGH am 3. 2. 1967 entschiedene Fall dienen[46]: Der Beklagte hatte einen Streifenwagen mit drei Polizeibeamten überholt. Dabei hatten die Beamten bemerkt, daß die Beleuchtung des Wagens nicht ordnungsgemäß war. Sie hatten das Fahrzeug des Beklagten wieder überholt und Haltezeichen gegeben. Der Beklagte, der nicht im Besitz einer Fahrerlaubnis gewesen war, hatte sein Auto gewendet und war mit hoher Geschwindigkeit davongefahren. Daraufhin hatten die Beamten die Verfolgung aufgenommen. Die Jagd hatte etwa eine Stunde gedauert. Eine scharfe Linkskurve hatte sodann das Ende bedeutet. Der Beklagte war in dieser Kurve ins Schleudern geraten, hatte sie aber noch gemeistert. Den Beamten, die in ungefähr 50 m Entfernung gefolgt waren, war die Kurve dagegen zum Verhängnis geworden. Sie waren von der Fahrbahn getragen und gegen einen Baum sowie einen Strommasten geschleudert worden. — Um die Ersatzpflicht für Verfolgungsschäden ging es ferner in dem vom BGH am 13. 7. 1971 entschiedenen[47] und eingangs geschilderten[48] Sachverhalt: Der Kläger, ein Betriebsoberaufseher der Bundesbahn, hatte den Beklagten, den er ohne Fahrtausweis angetroffen hatte, über eine Bahnhofstreppe verfolgt und war dabei gestürzt. — Schließlich ist der Fall zu nennen, über den der BGH am 29. 10. 1974 urteilte[49]: Ein Polizeiobermeister hatte den Auftrag erhalten, den 17jährigen Beklagten festzunehmen, der einen Jugendarrest hatte verbüßen sollen. Der Beklagte hatte, nachdem ihn der Beamte in der elterlichen Wohnung angetroffen hatte, die Toilette aufgesucht und war von dort aus dem Fenster gesprungen. Er hatte dabei eine 2 m tiefe und 1,50 m breite Ausschachtung überwinden müssen. Der Poli-

---

[44] Außer den im folgenden genannten BGH-Entscheidungen befassen sich mit den Verfolgungsfällen z. B.: BGH-Urt. v. 8. 1. 1963 (LM § 823 Nr. 27); BGH-Urt. v. 24. 3. 1964 (LM § 823 Nr. 32); BGH-Urt. v. 13. 7. 1971 (JZ 1972, 58 f.); Urt. des OLG Düsseldorf v. 9. 10. 1969 (VersR 1970, 713); dazu Weingart, 193 ff.; jetzt auch BGH-Urt. v. 13. 1. 1976 (NJW 1976, 568).

[45] Vgl. Luer, 148 f.; Deutsch, Anmerkung I, 642 f.; ders., Haftungsrecht I, 166; Martens 745 (l. Sp.) — Nökel, bes. 89 ff., verzichtet überhaupt auf eine Unterscheidung zwischen beiden Fallgruppen; dagegen zu Recht: Martens, 745, Anm. 34.

[46] JZ 1967, 639 ff.

[47] JZ 1972, 56 ff.

[48] A.II.1.b) bb).

[49] JZ 1975, 374 f.

II. Die eigene Konzeption

zeibeamte war dem Beklagten nachgesprungen und hatte sich dabei einen Fersenbeinbruch zugezogen.

Rechtprechung[50] und Schrifttum[51] sind sich darin einig, daß der Flüchtende zumindest bei bestimmten Konstellationen Verfolgungsschäden der bezeichneten Art zu tragen hat. Dem ist beizupflichten. Wie in den Nothilfefällen stehen die Bedenken gegenüber der Haftung für die freie und gleichgeordnete Verfolgungsaktion zurück. Der Grund dafür ist erneut das öffentliche Interesse am Zweitverhalten[52]. Oftmals wird die Ergreifung eines Flüchtenden von der Rechtsgemeinschaft gefordert bzw. begrüßt. Dabei ist es nur folgerichtig, daß der Verfolgende seinen Schaden auf den Veranlasser der Aktion abwälzen kann. Ich zweifele nicht daran, daß die Verkehrsauffassung in diesem Sinne wertet.

Schwierigkeiten ergeben sich hinsichtlich der Reichweite der Verantwortlichkeit des Flüchtenden. Zu dieser Frage[53] werden im Schrifttum unterschiedliche Ansichten vertreten. Die Problematik wird deutlich, wenn die bezeichneten BGH-Urteile näher beleuchtet werden. In sämtlichen Entscheidungen hielt der BGH den Verfolgten für dem Grunde nach schadensersatzpflichtig. Er führte in allen Fällen aus, daß an der Adäquanz des Kausalzusammenhanges zwischen der Flucht und den Verletzungen des Verfolgers nicht zu zweifeln sei[54]. In der Entscheidung v. 3. 2. 1967 erwog er zusätzlich, ob die „objektive Zurechnung"[55] des Geschehens auszuschließen sei. Das sei zu bejahen, wenn der flüchtende PKW-Fahrer zum Anhalten rechtlich nicht verpflichtet gewesen sei. Vorliegend aber habe eine solche Pflicht bestanden. Der BGH stellte schließlich fest, der demzufolge bestehende Ersatzanspruch der Polizeibeamten könne der Höhe nach gem. § 254 gemindert werden[56]. Das Mitverschulden könne darin erblickt werden, daß der Fahrer des Streifenwagens nicht rechtzeitig gebremst und so die Mitfahrer in unnötiger Weise gefährdet habe. Im Urteil v. 13. 7. 1971 befaßte sich der BGH ebenfalls mit der Frage der objektiven Zurechnung[57]. Es gebe Fälle psy-

---

[50] Vgl. etwa die in Fußn. 44 genannten Urteile.
[51] Vgl. etwa Deutsch, Anmerkung I, 641 ff.; ders., Anmerkung II, 375 ff.; ders., Haftungsrecht I, bes. 166; Nökel, bes. 100 ff.; Luer, 148 f.; v. Caemmerer, Schutzbereich, 285 ff.; Weingart, 193 ff.; Martens, 740 ff.; Comes, 2022; Haberhausen, 1307 ff.; Hübner, Schadensverteilung, 496 ff.; ders., Anmerkung, 480 f.
[52] Luer, aaO; vgl. auch Niebaum, 1673.
[53] Wie bei den Nothilfefällen soll vorliegend auch auf diesen Aspekt eingegangen werden.
[54] JZ 1967, 640 (l. Sp.); JZ 1972, 56 f.; JZ 1965, 374.
[55] JZ 1967, 640.
[56] JZ 1967, 640 (r. Sp.).
[57] JZ 1972, 57 f.

chisch vermittelter Kausalität — so meinte er —, in denen die Haftung des Erstverursachers auszuschließen sei[58]. Davon könne aber nicht ausgegangen werden, wenn sich der Eingreifende habe „zum Handeln herausgefordert fühlen" dürfen, „und zwar überhaupt und in der gegebenen Art und Weise"[59]. Das sei wertend festzustellen. Es sei eine Verhältnismäßigkeit zwischen dem Zweck der Aktion und erkennbaren Risiso des Eingreifens zu fordern. Im zu entscheidenden Sachverhalt sei diese Voraussetzung gegeben. Der Betriebsoberaufseher habe die Verfolgung über die Treppe aufnehmen dürfen. In der Entscheidung v. 29.10.1974 bekräftigte der BGH diese Rechtsprechung und präzisierte sie. Das Berufungsgericht hatte die Schadensersatzpflicht des Beklagten verneint, weil der Sprung aus dem Fenster ein übersteigertes Risiko gewesen sei, das durch den Zweck der Verfolgung nicht mehr abgedeckt gewesen sei[60]. Der BGH meinte numehr, der Kläger habe in dieser Form handeln dürfen[61]. Es sei geboten, keine zu hohen Anforderungen an die Verhältnismäßigkeit zu stellen; denn nur wenn die objektive Zurechnung entsprechend weit verstanden werde, könne eine Schadensverteilung gem. § 254 einsetzen. Eine solche sei besser als das Ergebnis der völligen Versagung des Ersatzanspruches, das bei unverhältnismäßigem Zweithandeln stets die Folge sei.

Der Meinungsstreit entzündet sich — wie erwähnt — an der Frage der Reichweite des Haftungsgrundes. Hübner[62] ist mit dem BGH der Auffassung, die objektive Zurechnung gem. § 823 I müsse weit gefaßt werden. Er hält das für notwendig, weil nur auf diese Weise eine Schadensverteilung gem. § 254 erfolgen könne. Eine solche sei aber geeigneter als eine Entscheidung des „Alles-Oder-Nichts", wie sie notwendig bei einer Abgrenzung auf der Ebene der objektiven Zurechnung ergehen müsse[63]. Dementsprechend glaubt er, bei der Prüfung der Anspruchsvoraussetzungen des § 823 I sei die Feststellung eines „einigermaßen nachvollziehbaren und engen Zusammenhanges[64] zwischen der Fluchtaktion und dem Eingreifen des Verfolgers ausreichend. Nur

---

[58] JZ 1972, 57 (l. Sp.).
[59] JZ 1972, 57 (r. Sp.). — Der BGH verwendet demnach das Larenzsche Kriterium der „Herausforderung" in modifizierter Form, vgl. dazu oben C.I.4, ferner Niebaum, 1674.
[60] OLG Düsseldorf (Urt. v. 19.6.1973), NJW 1973, 1929.
[61] JZ 1975, 375 (l. Sp.).
[62] Hübner, Schadensversteilung, 496 ff.; ders., Anmerkung, 480 f.; ähnlich auch Weingart, 194 f., und Berg, Anmerkung, 245.
[63] Hübner, bes. Schadensversteilung, 498. — Hübner erblickt in einer restriktiven Auslegung des Haftungsgrundes einen „bisher unentdeckten Anwendungsfall der Culpakompensationslehre" (Hübner, aaO). Vgl. dazu C.II. 2.d).
[64] Hübner, Schadensversteilung, 499 (l. Sp.).

II. Die eigene Konzeption

„völlig unsinnige Reaktionen"[65] schlössen die objektive Zurechnung aus. Sonstiges[66] Fehlverhalten sei bei der Anwendung des § 254 zu berücksichtigen. Anderer Auffassung sind Deutsch[67] und Martens[68]. Sie glauben, das Kriterium der Verhältnismäßigkeit sei schon bei der Prüfung anzulegen, ob der Haftungsgrund vorliege. Sei die konkrete Verfolgungsaktion unverhältnismäßig, entfalle eine Haftung gem. § 823 I schon dem Grunde nach. Für eine Quotelung gem. § 254 sei kein Raum.

Ich halte die letztere Auffassung für begründet. Man muß sich vergegenwärtigen, daß der Zurechnungsgrund in den Verfolgungsfällen das öffentliche Interesse an der Aktion ist. Dieser Aspekt bestimmt die Grenzen der Haftung. Wo das öffentliche Interesse am Eingreifen des Verfolgers nicht besteht, ist das Prinzip der Haftungsfreistellung anzuwenden. Eine Verfolgung, deren Nutzen außer Verhältnis zu den Risiken steht, liegt nicht im öffentlichen Interesse. Dementsprechend handelt der Flüchtende im Hinblick auf eine solche Aktion nicht pflichtwidrig. Eine Schadensverteilung gem. § 254 ist nicht möglich[69]. Für die Fallentscheidung ergibt sich damit, daß — wie in den Nothilfefällen — zwischen der Entscheidung über die Verfolgung und deren Durchführung zu trennen ist.

Der Entschluß zur Verfolgungsaktion muß dem Prinzip der Verhältnismäßigkeit entsprechen. Dieser Maßstab ist nicht nur an die anfängliche Entscheidung des Verfolgers, die Jagd aufzunehmen, anzulegen. Vielmehr wird der Zweite auch während der Verfolgung oftmals vor der Alternative stehen, angesichts einer erhöhten Gefahrenlage das Rennen fortzusetzen oder aufzugeben. Die Reaktion des Verfolgers ist ebenfalls mit Hilfe des Kriteriums der Verhältnismäßigkeit zu bewerten[70]. Aus Filmen sind die Szenen bekannt, in denen ein Verbre-

---
[65] Hübner, aaO.
[66] d. h. auch unverhältnismäßiges.
[67] Deutsch, Anmerkung I, 641 ff.; ders., Anmerkung II, 375 ff.
[68] Martens, 746 (r. Sp.).
[69] Die Bedenken Hübners im Hinblick auf die Wiedereinführung der Culpa-Kompensation (Schadensverteilung, 496 ff.) sind nicht begründet. Es ist nämlich keineswegs so, daß jedes Fehlverhalten des Verfolgenden den Fortfall des Ersatzanspruches zur Folge hat, vgl. dazu die folgenden Ausführungen.
[70] Es überzeugt nicht, wenn Hübner (Schadensverteilung, 498 r. Sp.) schreibt: „Die von der Rechtsprechung und Literatur ... angestellten Verhältnismäßigkeitserwägungen gehen alle von der Gefährlichkeit des Verfolgten als einem für die Zurechenbarkeit entscheidenden Gesichtspunkt aus, ohne daß berücksichtigt wird, wie denn der zur Verfolgung verpflichtete Beamte in der konkreten Situation eine Prognose über die Gefährlichkeit anstellen soll. Es ist einfach eine Überspannung der Sorgfaltsanforderungen, wenn man in Sekundenschnelle eine derart komplexe Risikoabwägung vornehmen soll und wenn geringe Fehler derart weitreichende Folgen haben."
— Von dem Verfolger sollte man erwarten, daß er die Gefahren seines Handelns jederzeit im Auge hat und gegen den Nutzen der Aktion abwägt. Un-

cher über das Dach eines Hauses zu entkommen versucht und schließlich von einem Dach aufs nächste springt. Hier mag die Verfolgung zunächst verhältnismäßig sein, das waghalsige Nachspringen wird es vielfach nicht sein. Ähnlich liegt der vom BGH am 3. 2. 1967 entschiedene Sachverhalt[71]: Das Aufnehmen der Verfolgungsjagd kann als verhältnismäßig bezeichnet werden, nicht aber das schnelle Durchfahren der scharfen Linkskurve[72]. Der Flüchtende war daher von der Haftung für dieses Fremdhandeln freizustellen[73]. Auch der Sprung durch das Fenster, über den der BGH am 29. 10. 1974 zu befinden hatte, war unverhältnismäßig. Der Polizeibeamte hatte die Risiken selbst zu tragen[74]. An den Sachverhalten wird deutlich, daß dem Kriterium der Verhältnismäßigkeit im Hinblick auf die Verfolgungsfälle eine ungleich größere Bedeutung zukommt als in den Nothilfefällen. Während der Nothelfer oftmals durch die Gefahren der Aktion abgeschreckt wird, wird der Verfolger vielfach vom Jagdfieber gepackt und vergißt die Risiken seines Eingreifens[75]. — Hinsichtlich der Durchführung der Aktion gilt Gleiches wie hinsichtlich der Nothilfefälle. An eine fehlerhafte Handlungsweise läßt sich das Kriterium der Verhältnismäßigkeit nicht anlegen. Entscheidend ist daher auch hier, ob die Sachwidrigkeit unter Berücksichtigung der Besonderheiten des Einzelfalles noch verständlich ist oder nicht. So wäre es z. B. unverständlich, wenn etwa der Fahrer eines Streifenwagens beide Hände vom Steuer nehmen würde, um sich eine Zigarette anzuzünden. Verständlich wäre etwa, wenn ein Verfolger eine kleine Bodenerhebung nicht bemerkt, stolpert und sich verletzt. In solchen Fällen — aber auch nur in solchen — ist der Ersatzanspruch gem. § 254 herabzusetzen[76].

---

tragbare Ergebnisse können vermieden werden, indem keine allzu strengen Anforderungen an die Verhältnismäßigkeit gestellt werden (vgl. dazu im einzelnen: Deutsch, Anmerkung I, 642 f.).

[71] C.II.4.a) bb) (1) (d).

[72] Das Verfahren, zwischen der Verfolgung an sich sowie den einzelnen Verfolgungsaktionen zu trennen und dabei ein Fehlverhalten bei letzteren allein unter § 254 zu subsumieren (so: Hübner, Schadensversteilung, 501), ist abzulehnen. Es widerspricht dem Grundsatz des Deliktsrechts, daß im Rahmen der Anwendung des § 823 I ausschließlich über die Zurechnung eines konkreten Erfolges zu befinden ist.

[73] So auch Deutsch, Anmerkung I, 643.

[74] So die Berufungsinstanz (siehe Fußn. 60); ferner Deutsch, Anmerkung II, 377; dagegen: Hübner, Schadensversteilung, 496 ff.; ders., Anmerkung, 480 f.

[75] Vgl. Martens, 746 (l. Sp.).

[76] Gegenüber den bezeichneten Entscheidungskriterien besitzt der vom BGH verwendete Maßstab des besonderen Verfolgungsrisikos, welches sich für einen Ersatzanspruch verwirklicht haben müsse (BGH-Urteile v. 13. 7. 1971/JZ 1972, 56 ff.), m. E. keine Bedeutung. Mich überzeugt die Kritik Comes', der nachweist, daß es sich dabei lediglich um Umschreibungen des Ergebnisses handelt (Comes, 2025, r. Sp.: „Das Risiko ist ein durch den Verfolgten ‚erhöhtes', weil dieser sich rechtswidrig verhalten hat; es ist ein ‚normales' des Verfolgers, weil das Verhalten rechtmäßig war.").

(f) Weitere Gesichtspunkte

Mit den unter (a) bis (e) beschriebenen Topoi ist der Katalog derjenigen Gesichtspunkte, die eine Ausnahme vom Grundsatz der Haftungsfreistellung fordern, nicht erschöpft. Darauf wurde bereits hingewiesen. Die zwischenmenschlichen Kontakte sind vielfältiger Natur. Ebenso wechselvoll sind die Fälle psychisch vermittelter Kausalität. Das bedingt den paradigmatischen Charakter des Kataloges der Sachverhaltsgruppen. Weitere, bisher nicht gesehene oder behandelte Aspekte werden es erlauben, die Grenzen der Verantwortlichkeit anders zu ziehen, als es das grundlegende Spiel der Interessen erfordert.

Im Gegensatz zu den bisher geschilderten Konstellationen, die jeweils eine größere Fallgruppe kennzeichnen, werden freilich die noch herauszuarbeitenden Sachlagen mehr einzelfallartigen Zuschnitt besitzen. Zwei Beispiele dafür seien abschließend angeführt.

In der Rechtsprechung[77] ist folgendes anerkannt: Ein Streupflichtiger kann sich seiner Pflichtstellung nicht dadurch entledigen, daß er eine Zweitperson mit der Wahrnehmung der Aufgabe beauftragt. Er bleibt vielmehr überwachungspflichtig[78]. Verletzt er diese Pflicht und kommt es auf Grund des Fehlverhaltens des Beauftragten zu einer Verletzung Dritter, haftet er nach § 823 I. Der Einwand, eine fremde Person habe die Streupflicht übernommen, das Geschehnis sei daher auf deren (freiwilliges und gleichgeordnetes) Verhalten zurückzuführen, bleibt ohne Wirkung. Begründen läßt sich dieses Ergebnis mit dem Interesse der potentiell Geschädigten. Wenn sich der Ersatzanspruch ausschließlich gegen den Beauftragten richtete, würde der möglicherweise zahlungskräftige Pflichtige als Schuldner verloren gehen. Daher soll sich jener von seiner Pflichtstellung nicht lösen können. Er ist für das Fremdverhalten verantwortlich[79].

Eine andere Konstellation, für die der Grundsatz der Haftungsfreistellung nicht gilt, ist bereits geschildert worden[80]. Es handelt sich um die sog. „mittelbare Patentverletzung"[81]: Jemand bringt ein Gerät in den Verkehr, das nur unter der Verletzung des Patentrechts eines Dritten benutzt werden kann. Kommt es zur Rechtsverletzung, ist er

---

[77] Eine Übersicht findet sich bei Soergel / Zeuner, § 823, Rdn. 125.
[78] Dazu Soergel / Zeuner, aaO.
[79] Die gleiche Erwägung liegt — neben dem Gedanken der Subordination — der Regelung des § 831 zu Grunde. Er kommt zum Tragen, wenn der Verrichtungsgehilfe zum sozialadäquaten Verhalten ebenso fähig ist wie der Geschäftsherr (vgl. dazu Rother, Gefährdung, 258). Dann entfällt der Zurechnungsgesichtspunkt der Subordination. Trotzdem greift § 831 ein. § 831 ist mithin eine Vorschrift, die auf zwei unterschiedlichen Motiven beruht.
[80] C.I.7.
[81] Vgl. dazu Stoll, Unrechtstypen, 216 f. (mN).

verantwortlich[82]; der Hinweis auf das freie und gleichgeordnete Zweitverhalten vermag ihn nicht zu entlasten. Maßgeblich dafür ist die Erwägung, daß der Verkehr unter allen Umständen die Herstellung und Verbreitung von Gegenständen verhindern will, die keinem von der Gemeinschaft akzeptierten Zweck dienen, sondern allein einen mißbilligten Erfolg herbeiführen können[83].

(g) Zusammenfassung

Die Fälle der psychisch vermittelten Kausalität sind in die Kategorien des unfreien und subordinierten bzw. des freien und gleichgeordneten Folgehandelns aufzuteilen. Erstere ist dadurch gekennzeichnet, daß die fremde Willensbetätigung als solche eine Haftungsfreistellung nicht zu begründen vermag. Letztere ist anders zu bewerten. Hier bedingt die Folgehandlung regelmäßig den Ausschluß der Täterverantwortlichkeit. Ausnahmen gelten für bestimmte Sachverhaltsgruppen oder Einzelfälle, in denen besondere Aspekte das Interesse der Rechtsgemeinschaft an der Haftungsfreistellung überwiegen.

b) Die Fälle des Aufeinandertreffens mehrerer Geschehensabläufe

Es wurde festgestellt, daß der Entscheidung des Gesetzgebers, nach der die Haftung des Nebentäters nicht schon wegen des Hinzutretens einer — wie auch immer gearteten — fremden Willensbetätigung geleugnet werden kann, zuzustimmen ist[1]. Das Ergebnis sei im folgenden anhand weiterer Beispielsfälle überprüft. Des weiteren sei erörtert, ob und gegebenenfalls welche Haftungsgrenzen unter anderen Aspekten gezogen werden müssen.

Die Sachverhalte unfreien und gleichgeordneten Nebenhandelns sowie diejenigen Sachlagen, in denen die geschilderten Gesichtspunkte eine Ausnahme vom Grundsatz der Haftungsfreistellung bedingen, eignen sich zur Kontrolle der Richtigkeit der gesetzgeberischen Entscheidung nicht. Für diese Fälle ergibt sich die Haftung des Nebentäters schon aus einem Vergleich zum Fallmuster der psychisch vermittelten Kausalität. Wenn schon die Einstandspflicht des Vortäters unproblematisch ist, gilt das erst recht für die des Nebentäters. Man denke an das Beispiel, in dem ein Statiker eine Brücke falsch berechnet, ein Busfahrer die Brücke befährt und sie einstürzt[2]. Oder man halte sich den Fall

---

[82] Stoll, aaO.
[83] Dementsprechend entfällt die Schadensersatzpflicht, wenn der Gegenstand nicht patentverletzend benutzt werden kann und der Lieferant die geeigneten Maßnahmen zur Verhinderung des Mißbrauchs getroffen hat; dazu Stoll, aaO (mN).
[1] C.II.3.
[2] C.II.1.b) bb) (1).

II. Die eigene Konzeption

vor Augen, daß jemand einen Blumentopf aus dem Fenster wirft und einen Fußgänger trifft, der genau unterhalb des Fensters den Gehweg benutzt. Bei derartigen Konstellationen unfreien Nebenhandelns wäre die Verantwortlichkeit des Täters auch dann zu bejahen, wenn es die gesetzgeberische Entscheidung des § 840 nicht gäbe. Die rechtsphilosophischen Bedenken gegenüber der Einstandspflicht des Ersten erfassen derartige Konstellationen nicht. Zu betrachten sind allein die Fälle freien und gleichgeordneten Nebenhandelns, bei denen ein Vortäter, falls er in vergleichbarer Weise handelte, von der Haftung freizustellen wäre. Die Sachverhalte sind zahlreich. So weist wohl die Mehrzahl der Deliktsfälle, die sich beim Führen von Kraftfahrzeugen ereignen, das Kausalmuster des Aufeinandertreffens mehrerer Geschehensabläufe auf[3]. Jede Kollision von Fahrzeugen, die auf beiden Seiten auf menschliches Fehlverhalten zurückzuführen ist, zieht die Frage der Haftung des Nebentäters nach sich. Gleiches gilt für das Überfahren von Fußgängern. Schon unter diesem Blickwinkel wäre eine regelmäßige Haftungsfreistellung, wie sie für das Fallmuster der psychisch vermittelten Kausalität gilt, abzulehnen; denn die Zahl der deliktisch für einen Verkehrsunfall Verantwortlichen wäre äußerst gering. Bei der Betrachtung von Einzelfällen ist zunächst an den Sachverhalt zu denken, in dem zwei Autofahrer, die aus entgegengesetzten Richtungen kommen, infolge fehlerhafter Fahrweise beider in einer Kurve zusammenstoßen und so einen Fußgänger verletzen[4]. Auch der eingangs geschilderte Fall[5], über den der BGH am 8. 1. 1963 urteilte[6], weist die vorliegend zu untersuchende Kausalstruktur auf. Lieferwagen- und Radfahrer führen unabhängig voneinander den Tod des Passanten herbei. Die Haftungsfreistellung der Nebentäter für freies und gleichgeordnetes Zweithandeln hätte die unhaltbare Konsequenz, daß die Drittverletzten die Verletzungsfolgen selbst zu tragen hätten. Es würde sich als eine unangemessene Privilegierung zugunsten des Täters herausstellen, wenn er die Rechts- oder Rechtsgüterverletzung nicht allein, sondern im Zusammenwirken mit einem ebenfalls fehlerhaft handelnden Nebentäter herbeiführt. Der Entscheidung des BGH v. 8. 1. 1963, in der er sowohl den Lieferwagen- als auch den Radfahrer für dem Grunde nach verant-

---

[3] Es trifft also nicht mehr zu, was Ortmann, 270, vor ca. 100 Jahren im Hinblick auf dieses Fallmuster feststellte: er bezeichnete die Sachverhalte als „praktisch selten". — Der Straßenverkehr hat dazu beigetragen, daß man Fällen mit der Kausalstruktur des Aufeinandertreffens mehrerer Geschehensabläufe häufig begegnet.
[4] C.II.1.b) bb) (2). — Ähnlich ist auch der Fall gelagert, über den der BGH mit Urteil v. 14. 5. 1963 (VersR 1963, 945) urteilte; hier war jedoch der Kausalzusammenhang zwischen dem Sorgfaltsverstoß des einen Autofahrers und dem Unfall nicht erwiesen.
[5] A.II.1.a) bb).
[6] JZ 1964, 178 f.; vgl. die ausführliche Anmerkung Lorenz, 179 ff.

wortlich hielt, ist demnach beizupflichten. Gleichermaßen ist der Kurven-Kollisions-Fall zu beurteilen.

Bei der Umschau nach weiteren Fällen aus dem Bereich des Straßenverkehrs begegnet man jenen Sachverhalten, in denen Autofahrer die zulässige Höchstgeschwindigkeit nicht einhalten oder sonstwie unvorsichtig fahren und deshalb einen sich ebenfalls sorglos verhaltenden Fußgänger erfassen[7]. Ohne Bedenken können beide als für die Folgen verantwortlich angesehen werden. In diesem Zusammenhang sei ferner ein Beispiel gebildet, das sich an einen vom OLG Hamm am 12.10.1968 entschiedenen Fall[8] anlehnt: Ein Kfz-Fahrer stellt seinen PKW vorschriftswidrig kurz vor einem Fußgängerüberweg ab. Ein anderer Autofahrer nähert sich. Er überschreitet die zulässige Geschwindigkeit und sieht aus diesem Grund[9] den sich bereits auf dem Fußgängerüberweg befindlichen Passanten zu spät. Dieser wird erfaßt und verletzt. Er verlangt von beiden Autofahrern, die seine Verletzung verursacht haben, Schadensersatz. — Auch diesmal ist von einer Haftung beider Delinquenten auszugehen. Sie mußten sich auf das fehlerhafte Verhalten des jeweils anderen im Interesse gefährdeter Fußgänger einstellen. Schließlich sei noch auf solche Fallsituationen hingewiesen, in denen jemand seinen defekten Wagen nicht schnell genug von der Autobahn herunterbringt und ein anderer Kraftfahrer, der seine Geschwindigkeit den schlechten Sichtverhältnissen nicht angepaßt hat, auffährt[10]. Wiederum sind beide Fahrzeugführer verantwortlich. Für die Entlastung des einen oder anderen besteht kein Anlaß[11].

Die Kausalstruktur des Aufeinandertreffens mehrerer Geschehensabläufe ist jedoch nicht auf Verkehrsunfälle beschränkt. Daß sich die Frage nach der Haftung des Nebentäters in den unterschiedlichsten Lebensbereichen stellt, mögen die folgenden Beispiele verdeutlichen. Das erste ist bei Traeger[12] geschildert: Zwei Fabriken leiten ihre Abwässer in einen Fluß. Infolge des Zusammentreffens beider Abwässermengen tritt ein Fischsterben ein. Traeger stellte zutreffend fest, daß

---

[7] Vgl. den vom RG am 22.6.1931 entschiedenen Fall (RGZ 133, 126); das RG hatte allerdings nur über die Frage zu entscheiden, ob den Fußgänger ein Mitverschulden traf.

[8] DAR 1969, 216; der Fall wurde strafrechtlich entschieden.

[9] Im Fall, den das OLG Hamm zu entscheiden hatte, stand nicht fest, daß der zweite Kraftfahrer ohne die Sichtbehinderung den Fußgängerüberweg früh genug erkannt hätte.

[10] Vgl. den vom OLG Köln am 3.11.1965 entschiedenen Fall (NJW 1966, 933).

[11] Vgl. ferner die Sachverhalte, die den Entscheidungen des BGH v. 29.9.1970 (BGHZ 54, 283 ff.) und v. 18.9.1973 (BGHZ 61, 213) zu Grunde lagen; dazu Selb, 193 ff.

[12] Traeger, 278; vgl. auch Larenz, Lehrbuch II, § 74 I a (507).

II. Die eigene Konzeption

beide Fabrikanten für den gesamten Schaden verantwortlich sind[13]. Die beiden nachstehend beschriebenen Fälle sind gleichfalls durch die „Solidarhaftung der Nebentäter"[14] gekennzeichnet: Jemand hat es übernommen, den äußerst wertvollen Hund seines Bekannten über das Wochenende zu betreuen. Als er mit dem Tier einen Spaziergang unternimmt, kommt er an einem Haus vorbei, dessen Dachstuhl repariert wird. Er ist in Gedanken versunken und nimmt nicht wahr, daß die Arbeiter achtlos Ziegel auf den Rasen des Vorgartens werfen. Daher verhindert er nicht, daß der Hund über den Rasen läuft. Das Tier wird getroffen und schwer verletzt. — Ferner: Eine Kellnerin jongliert ein beladenes Tablett durch die Reihen der Gäste. Es ist zu befürchten, daß einer der Anwesenden, die ihr den Rücken zuwenden, sich bewegt und gegen das Tablett stößt. Die Kellnerin unterläßt es dennoch, die Gäste zu warnen. Es kommt zu dem beschriebenen Mißgeschick. Die Gläser fallen zu Boden, und Kleidungsstücke der Anwesenden werden beschmutzt. — Sowohl der „Hundebetreuer" als auch die Kellnerin setzen durch ihr Fehlverhalten eine Ursache für die spätere Rechtsgüterverletzung. Letztere stellt sich aber nur deshalb ein, weil sich andere Personen, die Dachdecker bzw. die Gaststättenbesucher, ebenfalls unvorsichtig verhalten. Sämtliche Beteiligten sind also Nebentäter. Sie sind — ebenso wie die Straßenverkehrsteilnehmer in den bezeichneten Fällen — ersatzpflichtig.

Daß die Sachverhalte der Nebentäterschaft unter dem Aspekt der Haftung für fremde Willensbetätigungen unproblematisch sind, wird durch die Beispiele bestätigt. Die aus der Betrachtung der grundlegenden Aspekte sowie der gesetzgeberischen Entscheidung gewonnene Feststellung erweist sich auch anhand des Fallmaterials als richtig[15]. Das bedeutet aber nicht, daß die Verantwortlichkeit des Nebentäters grenzenlos ist. Der Nebentäter, den das Fremdhandeln aus den aufgezeigten Gründen nicht entlastet, kann andererseits nicht schlechter stehen als ein Alleintäter. § 840 stellt lediglich die Fremdtat einem natürlichen Bedingungsfaktor gleich, ordnet aber keine Garantiehaftung an, sondern setzt rechtswidriges und schuldhaftes Täterverhalten voraus. Zur Verdeutlichung dieser Erkenntnis, derzufolge auch die Haftung des Nebentäters entfallen kann, mag der Sachverhalt dienen, den das LG Bonn am 4. 11. 1966 entschied[16]. Es ging um die Folgen einer nächtlichen Trunkenheitsfahrt. Die Klägerin hatte mit Bekannten, unter denen sich

---
[13] Traeger, aaO.
[14] So der Titel der Untersuchung Keucks, AcP 168, 175 ff.
[15] Es sei noch einmal darauf hingewiesen (vgl. C.II.3, Fußn. 4): Die h. M., die von der grundsätzlichen Haftung des Nebentäters ausgeht, erweist sich nur im Ergebnis, nicht in der Begründung, als zutreffend.
[16] VersR 1968, 311 f.

der Erstbeklagte befunden hatte, Namenstag gefeiert. Später war sie in ein Fahrzeug eingestiegen, das der mit einem Blutalkoholgehalt von 1,6 ⁰/₀₀ erheblich angetrunkene Erstbeklagte gesteuert hatte und in dem sich insgesamt fünf Personen befunden hatten. Auf der Fahrt war der Wagen verunglückt. Vorausgegangen war dem Unfall folgendes: Der Zweitbeklagte, ein ebenfalls erheblich angetrunkener Mopedfahrer, war von der Straße abgekommen, als ihm der Drittbeklagte mit seinem LKW entgegengekommen war. Der Drittbeklagte hatte daraufhin sein Fahrzeug abgestellt und war zu dem Zweitbeklagten geeilt. In diesem Moment war der Erstbeklagte auf das Fahrzeug des Drittbeklagten aufgefahren. Dabei war u. a. die Klägerin schwer verletzt worden. — Das LG verurteilte lediglich den Erstbeklagten zur Zahlung, nicht aber den Zweit- und Drittbeklagten[17]. Hinsichtlich einer etwaigen deliktischen Haftung des Zweitbeklagten führte es aus[18], jener habe durch seine trunkenheitsbedingte Fahruntüchtigkeit „eine Ursache im naturwissenschaftlichen Sinne für die der Klägerin entstandenen Schäden gesetzt". Vorliegend fehle es aber am adäquaten Kausalzusammenhang zwischen der Handlung des Zweitbeklagten und dem Unfall. Zwar sei zuzugeben, daß einem Unfallverursacher „auch das fehlerhafte Verhalten eines anderen" zugerechnet werden könne. Jedoch treffe das nicht auf eine Fremdtat zu, die nicht mehr „im Rahmen des normalerweise Voraussehbaren" liege. Dies gelte „für derartig schwere Verstöße gegen Strafgesetze", wie sie „im Lenken eines mit 5 Personen besetzten Fahrzeugs trotz bestehender Fahruntüchtigkeit" erblickt werden könnten. Zwar lägen „diese Vorfälle wegen ihrer Häufigkeit nicht außerhalb der Lebenserfahrung"; der Verkehrsteilnehmer könne „sich jedoch nicht darauf einrichten" und müsse „sie sich bei Schaffen einer Gefahrensituation durch eigenes schuldhaftes Fehlverhalten nicht zurechnen lassen". — Der Entscheidung ist beizupflichten. An ihr wird deutlich, daß das Kriterium der Typizität[19] des Kausalablaufes geeignet ist, zumindest bei bestimmten Sachlagen den Nebentäter — unter Leugnen der Rechtswidrigkeit seines Verhaltens bzw. des Rechtswidrigkeitszusammenhanges zwischen Handlung und Erfolg — von der Haftung freizustellen. Dabei wird berücksichtigt, daß der Einzelne überfordert wäre, wenn er sich auf jedwedes Verhalten anderer Personen einzustellen hätte. Zur Veranschaulichung sei noch einmal das Beispiel aufgegriffen, in dem ein Autofahrer seinen PKW kurz vor einem Zebra-Streifen abstellt. Man nehme an, der zweite Kraftfahrer habe

---

[17] Zur Verantwortlichkeit des Drittbeklagten stellte das LG fest, dieser habe seinen Wagen ordnungsgemäß abgestellt. Daher entfalle seine Haftung.
[18] VersR 1968, 312.
[19] Vgl. dazu C.I.1.

II. Die eigene Konzeption

erwiesenermaßen die zulässige Höchstgeschwindigkeit zu mehr als 100 % überschritten und der Unfall sei bei einer als normal zu bewertenden Geschwindigkeit ausgeblieben. Ich würde dann den ersten Autofahrer von der Haftung freistellen. Der Handlungsspielraum der Verkehrsteilnehmer würde zu sehr eingeengt, wollte man ihnen generell abverlangen, seltene oder zumindest nicht typische Verstöße fremder Personen zur Grundlage des eigenen Handelns zu machen.

Freilich bleiben zwei Fragen[20] offen, deren Beantwortung über den Rahmen dieser Untersuchung hinausgeht. Zum einen stellt sich das Problem, wie der Maßstab der atypischen Fremdtat zu konkretisieren ist. Hier werden für bestimmte Fallgruppen, in denen etwa der Zweite im verkehrsuntüchtigen Zustand fährt oder die Geschwindigkeit überschreitet, Richtsätze zu erarbeiten sein. Bei weniger schematisierbaren Sachverhalten wird es allein auf die Betrachtung sämtlicher Umstände ankommen. Zum anderen erhebt sich die Frage nach der Bedeutung des Kriteriums gegenüber anderen Abgrenzungsmaßstäben. Es ist denkbar, daß der Begriff der atypischen Fremdtat die Lösung ganz überwiegend[21], nur zum Teil oder gar nur ausnahmsweise vermittelt. Das zu klären, bedingt eine grundlegende Auseinandersetzung mit der Frage nach der Haftungsfreistellung überhaupt, d. h. auch im Hinblick auf andere als die Problemfälle. Es wurde bereits darauf hingewiesen, daß es nicht Aufgabe der Arbeit sein kann, etwa grundlegend die Brauchbarkeit des Kriteriums der Typizität oder anderer Abgrenzungsmaßstäbe zu klären[22].

Zusammenfassend ist festzustellen, daß sich die Haftung des Nebentäters darstellt, als ob ausschließlich Naturgesetzmäßigkeiten den Kausalablauf vermitteln.

---

[20] Eine weitere Frage, nämlich die nach den Regreßansprüchen der Nebentäter untereinander, ist schon nach der Aufgabenstellung dieser Arbeit (A.II.1.b) aa)) nicht zu beantworten. Besondere Probleme ergeben sich, wenn der Geschädigte selbst Nebentäter ist; dann ist zu entscheiden, in welcher Höhe er sich den Anspruchsgegnern gegenüber sein Mitverschulden entgegenhalten lassen muß. Vgl. zu dieser Frage etwa: BGH-Urteile v. 16. 6. 1959 (BGHZ 30, 203 ff.), v. 29. 9. 1970 (BGHZ 65, 283 ff.) und v. 18. 9. 1973 (BGHZ 61, 213 ff.); Keuck, 175 ff.; Selb, 193 ff. (jeweils mwN).

[21] Sicherlich ist mit Hilfe des Kriteriums nicht in jedem Fall eine Lösung zu erzielen. Keineswegs ist die Förderung eines atypischen Geschehens stets rechtmäßig. Man denke etwa an einen Fall, in dem zwei Autofahrer, die aus unterschiedlichen Rechtszügen mit einer mörderischen Geschwindigkeit eine enge Kurve durchfahren (d. h. die beide atypisch handeln), zusammenstoßen und einen Fußgänger verletzen. Es wäre ein unhaltbares Ergebnis, wenn beide Autofahrer von der Haftung freizustellen wären. Hier könnte ausnahmsweise die Konstruktion Rothers (C.I.2.) die Lösung vermitteln. Entscheidend könnte sein, ob die Beteiligten den Unfall auch dann bewirkt hätten, wenn sie in vergleichbarer Weise mit einer typisch (nicht rechtmäßig; so aber Rother, vgl. oben C.I.2.) handelnden Person zusammengetroffen wären.

[22] C.II.4.

D. Das Problem der Haftungsbegrenzung

Das Gesetz unterscheidet zwischen dem haftungsbegründenden und dem haftungsausfüllenden Kausalzusammenhang[1]. Das bedingt die Differenzierung nach den Problemen der Haftungsfreistellung und Haftungsbegrenzung. Letzterem sei die abschließende Betrachtung gewidmet.

I. Die dogmatische Behandlung des Problems der Haftungsbegrenzung

Als das Problem der Haftung für fremde Willensbetätigungen für ein solches der Kausalität gehalten wurde[2], war in dogmatischer Hinsicht eine Trennung zwischen der Haftungsfreistellung und -begrenzung nicht erforderlich. Über das Leugnen eines rechtlich erheblichen Kausalzusammenhanges ließ sich in beiden Bereichen das gewünschte Ergebnis erzielen. Heute wird eine Lösung über die Auslegung des Verursachungsbegriffes ganz überwiegend abgelehnt. Andere Konzeptionen werden vertreten[3]. Denkbar ist, daß auch sie eine Differenzierung zwischen den Fragen der Haftungsfreistellung und -begrenzung nicht bedingen. So könnten die Vorschläge, die die Verantwortlichkeit für fremdes Tun über eine Interpretation des Verhaltens-[4] bzw. Rechtswidrigkeitsbegriffes[5] erreichen wollen, auf beide Problemkreise angewendet werden. Andererseits könnte es auch erforderlich sein, auf die Methode der teleologischen Reduktion der Norm zurückzugreifen[6]. Anders als hinsichtlich des haftungsbegründenden Kausalbereiches könnten die Grenzen der Haftung für Folgeschäden nicht mittels einer Rückbesinnung auf den Zweck der vom Täter verletzten Verhaltenspflicht, sondern der Deliktsnorm als solcher zu ermitteln sein[7].

Die Lösung über die Auslegung des Verursachungsbegriffes ist abzulehnen. Maßgeblich dafür sind die Erwägungen, die bereits zum

---
[1] Vgl. dazu und zum folgenden A.II.3.
[2] Vgl. oben A.II.2.
[3] Vgl. oben B.I.
[4] z. B. wendet Larenz seine Konzeption auf beide Problemkreise an. Vgl. etwa Larenz, Lehrbuch I, § 27 III b 3 (322 ff.).
[5] Vgl. dazu etwa Schickedanz, 917 (r. Sp.).
[6] Vgl. oben B.I.4.a).
[7] aaO, Fußn. 59.

I. Die dogmatische Behandlung des Problems der Haftungsbegrenzung 127

Problem der Haftungsfreistellung angestellt wurden[8]. Gleiches gilt für den Versuch, eine Haftungsbegrenzung über eine restriktive Interpretation des Verhaltensbegriffes zu erreichen[9]. Zu klären bleibt, ob die Theorie vom Rechtswidrigkeitszusammenhang verwendbar ist. Voraussetzung dafür wäre, daß die Verkehrspflichten, deren Nichtbeachtung die Bewertung als rechtswidrig nach sich zieht, ihre Berechtigung nicht nur aus der Gefahr drohender Primär-, sondern auch möglicher Folgeverletzungen ziehen. Ein Beispiel mag dies verdeutlichen: Es sind die Fälle bekannt, in denen ein Unfallverletzter infolge fehlerhafter ärztlicher Behandlung einen weiteren Gesundheitsschaden erleidet[10]. In Rechtsprechung und Schrifttum[11] wird zu Recht dahingehend unterschieden, ob der ärztliche Kunstfehler leichter oder schwerer[12] Natur ist. Im ersten Fall soll der Unfallschuldige für ihn miteinstehen, im letzten dagegen nicht. Bei derartigen Sachverhalten müßte man nun die Feststellung treffen können, daß der Täter zur Wahrung der verkehrserforderlichen Sorgfalt nicht nur im Hinblick auf das Unfallgeschehen, sondern auch im Hinblick auf leichte ärztliche Kunstfehler bei der späteren Behandlung des Verletzten verpflichtet ist[13]. Mir scheint, daß eine solche Sicht mit der Systematik des Deliktsrechts nicht vereinbar ist. Tatbestand, Rechtswidrigkeit und Verschulden[14] beziehen sich entweder auf die Täterhandlung oder auf die Primärverletzung, keinesfalls greifen sie über den haftungsbegründenden auf den haftungsausfüllenden Kausalbereich hinaus oder werden von diesem beinflußt[15]. Die Folgeschäden stehen außerhalb des „Schichtaufbaus"[16]. Anders formuliert: Verkehrspflichten bezwecken die Verhinderung bestimmter Primärverletzungen, nicht bestimmter Folgeschäden[17]. Der Schutz vor letzteren wird allein durch eine „Reflexwirkung" erreicht: Wer im Hinblick auf einen drohenden Ersteingriff von einer gefährlichen Handlung

---

[8] B.II.1.b).
[9] B.II.1.a).
[10] Vgl. dazu etwa Raiser, Adäquanztheorie, 463 (l. Sp.); Friese, 151 ff., 216 ff.
[11] Vgl. die Nachweise bei Friese, 217 f.
[12] d. h.: grobe Fahrlässigkeit des behandelnden Arztes soll vom Täter nicht mehr zu verantworten sein, vgl. Friese, aaO.
[13] Vgl. Huber, Normzwecktheorie, 681 (l. Sp.).
[14] Für das Verschulden ist die nachstehende Feststellung allgemein anerkannt, vgl. Friese, 53.
[15] So vor allem Friese, 52 f. (mwN).
[16] Deutsch, Schutzbereich, 1986 f.; ders., Privilegierte Haftung, 705; vgl. Friese, 52.
[17] Wie hier: Stoll, Kausalzusammenhang, 14 ff. Er unterscheidet sich nur insoweit, als er den Begriff der „Verhaltensnorm" mit dem der Verhaltenspflicht gleichsetzt (siehe vor allem: aaO, 17). Ferner spricht Stoll nicht nur vom „Rechtswidrigkeits-", sondern vom „Rechtswidrigkeits- und Schuldzusammenhang" (aaO, 20).

Abstand nimmt, vermeidet dadurch stets auch Folgeverletzungen. — Somit bleibt als Methode der Haftungsbegrenzung allein die teleologische Reduktion der Norm[18]. Mit der Fragestellung, ob das Gesetz eine bestimmte Eingriffsfolge dem Täter oder dem Geschädigten anlasten will, ist die dogmatische Basis für eine Lösung des Problems geschaffen.

II. Die sachliche Behandlung des Problems

Es stellt sich die Frage, ob die Regeln, nach denen der Täter von der Haftung freizustellen ist, ebenso zur Lösung des Problems der Haftungsbegrenzung anzuwenden sind[19]. Entscheidend für die Beantwortung dieser Frage ist, ob sich das Kräftespiel der grundlegenden Aspekte sowie die Wertungen des Gesetzgebers als die gleichen darstellen. Das trifft nicht zu. Das Prinzip der Beherrschbarkeit des zu verantwortenden Geschehensablaufes postuliert eine Enthaftung nur dort, wo eine Pflichtstellung des Täters in Frage steht. Geht es um eine reine Risikozuweisung — wie bei der Frage, ob eine Folge im haftungsausfüllenden Kausalbereich dem Pflichtigen noch zugerechnet werden kann —, so ergeben sich unter diesem Aspekt keine Bedenken gegenüber der Einstandspflicht des Täters[20]. Anders formuliert: Eine Pflicht, die die Verhinderung nicht beherrschbarer Kausalabläufe bezweckt, existiert regelmäßig nicht. Dagegen kann das Risiko einer Folgeentwicklung auch solchen Personen angelastet werden, die das Geschehnis nicht beherrschen, jedoch aus bestimmten Gründen[21] dafür verantwortlich sein sollten. Gleiches gilt im Hinblick auf die Rechtswerte der Selbstbestimmung bzw. -verantwortung. Wo keine Pflicht des Täters in Frage steht, kann eine solche auch nicht den Charakter einer bedenklichen Überwachungspflicht annehmen. Für eine Risikozuweisung ist der rechtsethische Aspekt indifferent. Es bleibt demnach der Wider-

---

[18] Das dürfte der gemeinsame Nenner sein, auf den die zahlreichen Konzeptionen zur Haftungsbegrenzung zu bringen sind. Im einzelnen sind die verwendeten Begriffe freilich verschieden. Man spricht von der Ermittlung des Normzwecks oder Schutzzwecks der Norm (vgl. v. Caemmerer, Schutzbereich, insbes. 287), von der Herausarbeitung eines besonderen „Gefahrbereichs" (Huber, 680 ff.), der Feststellung eines durch die Tat „erhöhten Risikos" (Luer, insbes. 134 ff.) bzw. eines besonderen „Lebensrisikos" (vgl. v. Caemmerer, aaO; Hübner, Schadenszurechnung, 65; kritisch dazu: Comes, 2025, r. Sp.).

[19] z. B. benutzt Larenz das Kriterium der „Herausforderung" sowohl zur Haftungsfreistellung als auch zur Haftungsbegrenzung.

[20] Auch Martens, 744 (l. Sp.), der sich mit der Beherrschbarkeit des zu verantwortenden Geschehensablaufes befaßt (vgl. 743, r. Sp.), betont den Unterschied zwischen der Haftungsfreistellung und Haftungsbegrenzung. — Dagegen findet sich bei Larenz, der den Aspekt ebenfalls betont, eine solche Differenzierung nicht.

[21] z. B. allein auf Grund der Verursachung.

streit zwischen den ordnungspolitischen Anliegen des Rechtsgüterschutzes und der Erhaltung des Handlungsspielraumes. Das Kräftespiel gleicht dem der Fälle unfreien und subordinierten Folgehandelns bzw. des Aufeinandertreffens mehrerer Geschehensabläufe. Dem entspricht im übrigen auch die Wertung des Gesetzgebers. In den §§ 831 bzw. 832, aus denen die Skepsis des Gesetzgebers gegenüber der Haftung für fremde Taten zu entnehmen ist, ist die fremde Willensbetätigung jeweils im haftungsbegründenden Kausalzusammenhang angesiedelt. Gleiches gilt für § 830. Vorschriften, die die Haftung für fremdes Tun innerhalb des haftungsausfüllenden Kausalbereiches regeln und denen eine den §§ 830 ff. entsprechende Bedeutung beizumessen wäre, existieren nicht[22]. Festzustellen ist demnach, daß nach dem grundlegenden Kräftespiel der Interessen, Rechtswerte und Rechtsprinzipien sowie den Wertungen des Gesetzgebers eine Haftungsbegrenzung allein wegen des Hineinwirkens der fremden Willensbetätigung ausscheidet[23].

Das heißt freilich nicht, daß der Täter für Willensbetätigungen innerhalb des haftungsausfüllenden Kausalbereiches stets haftet. Es bedeutet lediglich ,daß die Fremdtat nicht aus sich heraus haftungsbegrenzende Funktion hat. Sie ist wie jeder andere Kausalfaktor zu betrachten. Die Kriterien, nach denen auf der Grundlage dieser Erkenntnis eine Haftungsbegrenzung vorzunehmen ist, sind — wie erwähnt[24] — von Friese herausgearbeitet worden. Im wesentlichen[25] kann auf seine Darsellung verwiesen werden.

---

[22] Der Vorschrift des § 254 II, die von einem Zweithandeln (nämlich dem des Verletzten) innerhalb des haftungsausfüllenden Kausalbereiches ausgeht, ist ebenso wie der Norm des § 254 I eine (vorsichtige) Wertung des Gesetzgebers zugunsten der Erstverantwortlichkeit zu entnehmen.

[23] Hinsichtlich des haftungsausfüllenden Kausalbereiches kann demnach die Dunzsche Aussage (siehe oben C.I.3.) aufgegriffen werden: Das fremde Handeln ist gegenüber anderen Kausalfaktoren „nicht privilegiert".

[24] A.III.

[25] Zweifel sind insofern angebracht, als Friese, 247 ff. bei vorsätzlich-rechtswidrigem Eingreifen eines Dritten von einem grundsätzlichen Ausschluß der Haftung des Erstschädigers ausgeht. Ein solcher Grundsatz ist jedenfalls nicht aus dem bezeichneten Kräftespiel der grundlegenden Aspekte abzuleiten. Ob er sich daraus ergibt, daß die Verschuldenshaftung des Zweiten die Erfolgshaftung" des Erstschädigers verdrängt (ders., 247 f.), scheint fraglich. Eine Antwort darauf kann und soll vorliegend nicht gegeben werden.

E. Zusammenfassung

Die Ergebnisse der vorliegenden Untersuchung lassen sich wie folgt zusammenfassen:

1. Zwischen den Fragen der Haftungsfreistellung und -begrenzung ist zu trennen.
2. Für das Problem der Haftungsfreistellung gilt:
    a) Dogmatisch erweist sich die Theorie vom Rechtswidrigkeitszusammenhang als die richtige Konzeption. Zu prüfen ist daher stets, ob die Möglichkeit der Fremdtat pflichtbestimmend (und damit haftungsauslösend) wirkt.
    b) Der Sache nach ist zwischen dem Kausalmuster der psychisch vermittelten Kausalität und des Aufeinandertreffens mehrerer Geschehensabläufe zu unterscheiden.
      aa) Innerhalb der Fälle psychisch vermittelter Kausalität sind die Sachverhaltsgruppen des unfreien bzw. subordinierten abzutrennen. Die Haftung des Täters wirft insoweit keine besonderen Probleme auf. Hinsichtlich des übrigen Fallmaterials gilt — ohne Rücksicht auf die Typizität des Kausalablaufes — der Grundsatz der Haftungsfreistellung. Diese Regel läßt für bestimmte Fallgruppen Ausnahmen zu.
      bb) Treffen mehrere Geschehensabläufe aufeinander, so ist eine Haftungsfreistellung nicht schon wegen des Hinzutretens einer fremden Willensbetätigung vorzunehmen. Wie in den Fällen unfreier und subordinierter Folgetaten kann über die besondere Problematik der Fremdverantwortlichkeit hinweggesehen werden.
3. Das Problem der Haftungsbegrenzung ist dogmatisch auf dem Weg über die teleologische Reduktion der Norm zu lösen. Entscheidend ist, ob nach dem Sinn und Zweck der Norm jene auch die Übertragung des Risikos einer fremden Tat regeln will. Der Sache nach erscheint die fremde Willensbetätigung wie jeder andere Kausalfaktor.

Literaturverzeichnis

Ballerstedt, Kurt: Zur zivilrechtlichen Haftung von Demonstrationstätern, JZ 1973, 105 - 110.

Brambring, Günter: Mittäter, Nebentäter, Beteiligte und die Verteilung des Schadens bei Mitverschulden des Geschädigten, Berlin 1973.

Berg, Hans: Begrenzung der Schadensersatzpflicht durch Berücksichtigung des Schutzzwecks der Haftungsnorm, JuS 1961, 317 - 321.
(Zit.: Begrenzung)

Berg, H.: Anmerkung zum Urteil des BGH v. 29. 10. 1974, JR 1975, 245.
(Zit.: Anmerkung)

Blomeyer, Arwed: Allgemeines Schuldrecht, 3. Auflage, Berlin, Frankfurt/M. 1964.

Blomeyer, Jürgen: Schadensersatzansprüche des im Prozeß Unterlegenen wegen Fehlverhaltens Dritter, Köln, Berlin, Bonn, München 1972.

Bydlinski, Franz: Mittäterschaft im Schadensersatzrecht, AcP 158, 410 - 430.
(Zit.: Mittäterschaft)

— Probleme der Schadensverursachung nach deutschem und österreichischem Recht, Stuttgart 1964.
(Zit.: Schadensverursachung)

v. Caemmerer, Ernst: Das Problem des Kausalzusammenhanges im Privatrecht, Freiburg 1956.
(Zit.: Kausalzusammenhang)

— Wandlungen des Deliktsrechts, Gesammelte Schriften, Band I, Rechtsvergleichung und Schuldrecht, Tübingen 1968, 452 ff.
(Zit.: Wandlungen)

— Die Bedeutung des Schutzbereiches einer Rechtsnorm für die Geltendmachung von Schadensersatzansprüchen aus Verkehrsunfällen, DAR 1970, 283 - 292.
(Zit.: Schutzbereich)

Cohnfeldt, Richard: Die Lehre vom Interesse nach Römischem Recht, Leipzig 1865.

Comes, Heinrich: Zum Begriff des „gesteigerten Risikos im Recht der unerlaubten Handlungen", NJW 1972, 2022 - 2026.

Deutsch, Erwin: Fahrlässigkeit und erforderliche Sorgfalt, Köln 1963.
(Zit.: Fahrlässigkeit)

— Schutzbereich und Tatbestand des unerlaubten Heileingriffs im Zivilrecht, NJW 1965, 1987 - 1989.
(Zit.: Schutzbereich)

— Begrenzung der Haftung aus abstrakter Gefährdung wegen fehlender adäquater Kausalität, JZ 1966, 556 - 559.
(Zit.: Begrenzung)

Deutsch, Erwin: Privilegierte Haftung und Schadensfolge, NJW 1966, 705 - 711.
  (Zit.: Privilegierte Haftung)
— Anmerkung zum Urteil des BGH o. 3. 2. 1967, JZ 1967, 641 - 643.
  (Zit.: Anmerkung I)
— Zurechnung und Haftung im zivilen Deliktsrecht, Festschrift für Richard M. Honig, Göttingen 1970, 33 - 52.
  (Zit.: Zurechnung)
— Regreßverbot und Unterbrechung des Haftungszusammenhanges im Zivilrecht, JZ 1972, 551 - 553.
  (Zit.: Regreßverbot)
— Gefahr, Gefährdung, Gefahrerhöhung, Festschrift für Larenz, München 1973, 895 - 904.
  (Zit.: Gefahr)
— Anmerkung zum Urteil des BGH v. 29. 10. 1974, JZ 1975, 375 - 377.
  (Zit.: Anmerkung II)
— Haftungsrecht, Erster Band: Allgemeine Lehren, Köln 1976.
  (Zit.: Haftungsrecht I)

Dietz, Rolf: Anspruchskonkurrenz bei Vertrag und Delikt, Bonn 1934.

Dunz, Walter: Das verkehrsrichtige Verhalten, NJW 1960, 507 - 510.
  (Zit.: Verkehrsrichtiges Verhalten)
— Fremde Unrechtshandlungen in der Kausalkette, NJW 1966, 134 - 137.
  (Zit.: Fremde Unrechtshandlungen)

Enneccerus / Lehmann: Lehrbuch des Bürgerlichen Rechts, Recht der Schuldverhältnisse, Band 2, Tübingen 1958.

Erman: Handkommentar zum Bürgerlichen Gesetzbuch, 1. und 2. Band, 5. Auflage, Münster 1972.

Esser, Josef: Schuldrecht Band I Allgemeiner Teil, 4. Auflage, Karlsruhe 1970.
  (Zit.: Lehrbuch I)
— Schuldrecht Band II Besonderer Teil, 4. Auflage, Karlsruhe 1971.
  (Zit.: Lehrbuch II)
— Schuldrecht Allgemeiner und Besonderer Teil, 2. Auflage, Karlsruhe 1960.
  (Zit.: 2. Auflage)

Fikentscher, Wolfgang: Schuldrecht, 5. Auflage, Berlin 1976.

Frank, Reinhard: Das Strafgesetzbuch für das Deutsche Reich, 8. bis 10. Auflage, Tübingen 1911.

Friese, Ulrich: Haftungsbegrenzung für Folgeschäden aus unerlaubter Handlung, insbesondere bei § 823 Abs. 1 BGB, Diss. Erlangen - Nürnberg 1968.

Geilen, Gerd: Zur Mitverantwortung des Gastwirts bei Trunkenheit am Steuer, Zugleich ein Beitrag zur Lehre vom vorangegangenen Tun, JZ 1965, 469 - 475.

Haberhausen, Ralf: Kausalität und zwischenmenschlicher Bereich, NJW 1973, 1307 - 1310.

Hanau, Peter: Die Kausalität der Pflichtwidrigkeit, Eine Studie zum Problem des pflichtmäßigen Alternativverhaltens zum bürgerlichen Recht, Göttingen 1971.

Henkel, Heinrich: Die Selbstbestimmung des Menschen als rechtsphilosophisches Problem, Festschrift für Karl Larenz, München 1973, 3 - 25.

Heuer, Henning: Das richtige Bezugsobjekt des Adäquanzurteils, Diss. Münster 1964.

Huber, Ulrich: Normzwecktheorie und Adäquanztheorie, JZ 1969, 677 - 683.

Hübner, Jürgen: Schadenszurechnung nach Risikosphären, Eine Studie zur schadensgeneigten Arbeit selbständig Tätiger am Beispiel der privatrechtlichen Haftung der Seelotsen, Berlin 1974.
(Zit.: Schadenszurechnung)

— „Schadensverteilung" bei Schäden anläßlich der Verfolgung festzunehmender Personen durch Beamte — eine Wiederkehr der Culpa-Kompensation?, OLG Düsseldorf, NJW 1973, 1929, JuS 1974, 496 - 502.
(Zit.: Schadensverteilung)

— Anmerkung zum Urteil des BGH v. 29. 10. 1974, MDR 1975, 480 f.
(Zit.: Anmerkung)

Jakobs, Horst Heinrich: Über die Notwendigkeit einer Reform der Geschäftsherrnhaftung, VersR 1969, 1061 - 1071.

Keuck, Brigitte: Die Solidarhaftung der Nebentäter, AcP 168, 175 - 206.

Kirchberger, Hans: Die adäquate Ursache als Haftungsvoraussetzung, NJW 1952, 1000 - 1002.

Kollhosser, Helmut: Haftung für Demonstrationsschäden, JuS 1969, 510 - 516.

Kommentar, herausgegeben von Reichsgerichtsräten und Bundesrichtern: Das Bürgerliche Gesetzbuch, II. Band, 2. Teil, 11. Auflage, Berlin 1960.
(Zit.: RGRK)

Kühlewein, Robert: Zur Lehre von der adäquaten Verursachung, NJW 1955, 1581 - 1583.

Lange, Heinrich: Herrschaft und Verfall der Lehre vom adäquaten Kausalzusammenhang, AcP 156, 123 - 136.

Lange, Hermann: Empfiehlt es sich, die Haftung für schuldhaft verursachte Schäden zu begrenzen? Kann es für den Umfang der Schadensersatzpflicht auf die Schwere des Verschuldens und die Tragweite der verletzten Norm abgestellt werden?, Gutachten für den 43. Deutschen Juristentag, Verhandlungen des Dreiundvierzigsten Deutschen Juristentages, München 1960.
(Zit.: Gutachten)

— Umfang der Schadensersatzpflicht bei einem Verkehrsunfall; Methoden der Schadensbegrenzung — BGHZ 58, 162, JuS 1973, 280 - 284.
(Zit.: Schadensersatzpflicht)

Larenz, Karl: Hegels Zurechnungslehre und der Begriff der objektiven Zurechnung, Diss. Göttingen 1927.
(Zit.: Hegels Zurechnungslehre)

— Tatzurechnung und „Unterbrechung des Kausalzusammenhangs", NJW 1955, 1009 - 1013.
(Zit.: Tatzurechnung)

— Anmerkung zum Urteil des BGH v. 2. 7. 1957, NJW 1958, 627 - 628.
(Zit.: Anmerkung)

Larenz, Karl: Rechtswidrigkeit und Handlungsbegriff im Zivilrecht, Festschrift für Hans Dölle, Tübingen 1963, 169 - 200.
(Zit.: Rechtswidrigkeit)

— Die Prinzipien der Schadenszurechnung, Ihr Zusammenspiel im modernen Schuldrecht, JuS 1965, 373 - 379.
(Zit.: Prinzipien)

— Zum heutigen Stand der Lehre von der objektiven Zurechnung im Schadensersatzrecht, Festschrift für Richard M. Honig, Göttingen 1970, 79 - 90.
(Zit.: Objektive Zurechnung)

— Methodenlehre der Rechtswissenschaft, 2. Auflage, Berlin 1969.
(Zit.: Methodenlehre)

— Lehrbuch des Schuldrechts, Erster Band, Allgemeiner Teil, 10 Auflage, München 1970.
(Zit.: Lehrbuch I)

— Lehrbuch des Schuldrechts, Zweiter Band, Besonderer Teil, 10. Auflage, München 1972.
(Zit.: Lehrbuch II)

Lehmann, Heinrich: Begrenzung der Rechtswidrigkeit unter vergleichender Berücksichtigung des schweizerischen Rechts, Festschrift für Hedemann, Berlin 1958, 177 - 190.

Lindenmaier, Fritz: Adäquate Ursache und nächste Ursache, ZHR 113, 207 - 280.

Löwisch, Manfred: Anmerkung zum Urteil des BGH v. 22. 3. 1973, JZ 1973, 669 - 670.

Lorenz, Werner: Anmerkung zum Urteil des BGH v. 8. 1. 1963, JZ 1964, 179 - 181.

Luer, Hans-Jochem: Die Begrenzung der Haftung bei fahrlässig begangenen unerlaubten Handlungen, Karlsruhe 1969.

Martens, Klaus: Die Verfolgung des Unrechts, Zur Selbstgefährdung im Deliktsrecht, NJW 1972, 740 - 746.

Michelsen, Anita: Die Lehre von der Unterbrechung des Kausalzusammenhanges und die neue strafgerichtliche Rechtsprechung des Reichsgerichts, Diss. Heidelberg 1932.

Münzberg, Wolfgang: Verhalten und Erfolg als Grundlagen der Rechtswidrigkeit und Haftung, Frankfurt/M. 1966.

Mugdan, B.: Die gesammelten Materialien zum Bürgerlichen Gesetzbuch für das Deutsche Reich, II. Band, Recht der Schuldverhältnisse, Berlin 1899.

Niebaum, Gerd: Die Verfolgungsfälle und ihre Wertungskriterien, NJW 1976, 1673 - 1674.

Niese, Werner: Die moderne Strafrechtsdogmatik und das Zivilrecht, JZ 1956, 457 - 466.

Nipperdey, H. C.: Rechtswidrigkeit, Sozialadäquanz, Fahrlässigkeit und Schuld im Zivilrecht, NJW 1957, 1777 - 1782.

Nökel, Detlef: Die Rechtsstellung des Nothelfers, Angloamerikanisches im Vergleich zum deutschen Recht, Diss. Freiburg 1968.

Ortmann, Rudolf: Zur Lehre vom Kausalzusammenhang, Das Zusammentreffen mehrerer Handlungen zur Herbeiführung eines und desselben verbrecherischen Erfolges, Archiv für Gemeines Deutsches und Preußisches Strafrecht, 23. Band, Berlin 1975, 268 - 280.

Palandt: Bürgerliches Gesetzbuch, 34. Auflage, München 1975.

Rabel, Ernst: Das Recht des Warenkaufes, Eine rechtsvergleichende Darstellung, 1. Band, Unveränderter Neudruck der Ausgaben von 1936 und 1957, Berlin 1964.

Raiser, Thomas: Haftungsbegrenzung nach dem Vertragszweck. Untersuchung über die Tragweite der Theorie von der Haftungsbegrenzung nach dem Schutzzweck der verletzten Norm im Vertragsrecht, Diss. Tübingen 1962.
(Zit.: Haftungsbegrenzung)

— Adäquanztheorie und Haftung nach dem Schutzzweck der verletzten Norm, JZ 1963, 462 - 466.
(Zit.: Adäquanztheorie)

Reinecke, Horst: Objektive Verantwortung im zivilen Deliktsrecht, Düsseldorf 1960.

Reinhardt, Rudolf: Das subjektive Recht in § 823 I BGB, JZ 1961, 712 - 719.

Roth-Stielow, Klaus: Tatbestandsmäßiges Verhalten als erste Voraussetzung der Verurteilung zu Strafe oder Schadensersatz, MDR 1964, 893 - 895.
(Zit.: Tatbestandsmäßiges Verhalten)

— Die Reichweite eines bestimmten Verhaltens als äußerste Haftungsgrenze, NJW 1971, 180 - 182.
(Zit.: Reichweite)

Rother, Werner: Haftungsbeschränkung im Schadensersatzrecht, München und Berlin 1965.
(Zit.: Haftungsbeschränkung)

— Adäquanztheorie und Schadensverursachung durch mehrere, NJW 1965, 177 - 183.
(Zit.: Adäquanztheorie)

— Der Begriff der Gefährdung im Schadensersatzrecht, Festschrift für Michaelis, Göttingen 1972, 250 - 266.
(Zit.: Gefährdung)

Roxin, Claus: Täterschaft und Tatherrschaft, 2. Auflage, Hamburg 1967.

Rutkowsky: Die psychisch vermittelte Kausalität, NJW 1952, 606 - 608.

Schmidt, Eike: Fahrlässigkeit und Rechtfertigung im Bürgerlichen Recht, Diss. Freiburg 1966.

Schickedanz: Schutzzwecklehre und Adäquanztheorie, NJW 1971, 917 - 920.

Schwarz, Theo: Die Grenzen deliktischer Verantwortlichkeit für Gesundheitsbeschädigungen in den Fällen freiwilliger Hilfeleistung, JZ 1966, 162 - 167.

Selb, Walter: Schadensausgleich mit und unter Nebentätern, JZ 1975, 193 - 197.

Soergel / Siebert: Bürgerliches Gesetzbuch, Band I, Allgemeiner Teil (§§ 1 - 240), 10. Auflage, Stuttgart 1967, und Band 2, Schuldrecht I (§§ 241 - 620), 10. Auflage, Stuttgart 1967, und Band 3, Schuldrecht II (§§ 611 - 853), 10. Auflage, Berlin 1969.

Sourlas, Paul: Adäquanztheorie und Normzwecklehre bei der Begründung der Haftung nach § 823 Abs. 1 BGB, Berlin 1974.

Staudinger: Kommentar zum Bürgerlichen Gesetzbuch, II. Band, Recht der Schuldverhältnisse, Teil 1 c, §§ 249 - 327, 10./11. Auflage, Berlin 1967.

Stoll, Hans: Das Handeln auf eigene Gefahr, Berlin, Tübingen 1961.
(Zit.: Handeln)

— „The Wagon Mound" — Eine neue Grundsatzentscheidung zum Kausalproblem im Englischen Recht, Festschrift für Hans Dölle, Tübingen 1963, 371 - 399.
(Zit.: Wagon Mound)

— Unrechtstypen bei Verletzung absoluter Rechte, AcP 162, 203 - 236.
(Zit.: Unrechtstypen)

— Kausalzusammenhang und Normzweck im Deliktsrecht, Tübingen 1968.
(Zit.: Kausalzusammenhang)

Titze, Heinrich: Bürgerliches Recht, Recht der Schuldverhältnisse, 4. Auflage, Berlin, Göttingen, Heidelberg 1948.

Thalheim, Eva: Möglichkeiten der Haftungsbegrenzung, Ein Vergleich zwischen Adäquanz-, Schutzzweck und Schutzbereichstheorie, Diss. Hamburg 1964.

Traeger, Ludwig: Der Kausalbegriff im Straf- und Zivilrecht, Marburg 1929.

Weber: Anmerkung zum Urteil des LG Heilbronn v. 3. 2. 1954, NJW 1954, 922 f.

Weckerle, Thomas: Die deliktische Verantwortlichkeit mehrerer, Karlsruhe 1974.

Weingart, Olaf: Zur Zurechenbarkeit von Verkehrsunfallschäden durch die Polizei bei Verbrechensverfolgung, VersR 1971, 193 - 195.

Weitnauer, Hermann: Zur Lehre vom adäquaten Kausalzusammenhang, Versuch einer Ehrenrettung, Festgabe zum 60. Geburtstag von Karl Oftinger, Zürich 1969, 321 - 346.
(Zit.: Kausalzusammenhang)

— Aktuelle Fragen des Haftungsrechts, VersR 1970, 585 - 598.
(Zit.: Aktuelle Fragen)

Welzel, Hans: Das neue Bild des Strafrechtssystems, 4. Auflage, Göttingen 1961.
(Zit.: Strafrechtssystem)

— Fahrlässigkeit und Verkehrsdelikte, Zur Dogmatik der fahrlässigen Delikte, Karlsruhe 1961.
(Zit.: Verkehrsdelikte)

Westermann, Harry: Die Haftung für fremdes Handeln, JuS 1961, 333 - 343.

Wiethölter, Rudolf: Der Rechtfertigungsgrund des verkehrsrichtigen Verhaltens, Karlsruhe 1960.

Wolf, Ernst: Die Lehre von der Handlung, AcP 170, 181 - 229.

Wolf, Joseph Georg: Der Normzweck im Deliktsrecht, Göttingen 1962.

Zeuner, Albrecht: Bemerkungen zum Problem der Rechtswidrigkeit aus zivilrechtlicher Sicht, JZ 1961, 41 - 46.

Printed by Libri Plureos GmbH
in Hamburg, Germany